Hartmut Jaeger/Ralf Kaemper (Hrsg.)

OHNE WERTE SIND WIR WERTLOS

Mit Werten leben

in Politik, Gesellschaft und Erziehung

HARTMUT JAEGER/RALF KAEMPER (HRSG.)

OHNE WERTE SIND WIR WERTLOS

Mit Werten leben in Politik, Gesellschaft und Erziehung

CHRISTLICHE VERLAGSGESELLSCHAFT DILLENBURG

idea
Evangelische Nachrichtenagentur

idea-Dokumentation 5/2002

BILDNACHWEIS:

U1: 10.000 Meisterwerke
Seite 24: 10.000 Meisterwerke
Seiten 31, 34, 36, 43: idea
Seiten 42, 52, 54, 57, 87: privat
Seiten 65, 66: idea/Krille
Seite 69: dpa
Seiten 76-77: PhotoDisc

IMPRESSUM:

idea-Dokumentation 5/2002
Hartmut Jaeger/Ralf Kaemper (Hrsg.):
Ohne Werte sind wir wertlos
Mit Werten leben in Politik, Gesellschaft und Erziehung

ISBN 3-89436-339-8

Koproduktion: Christliche Verlagsgesellschaft, Dillenburg
idea e.V. – Evangelische Nachrichtenagentur, Wetzlar
Gesamtgestaltung, Satz, Einband: dc agentur, 35799 Merenberg
Druck: Elsnerdruck, Berlin
Printed in Germany

Inhalt

Einführung ... 7

CHRISTEN, tretet mutiger auf! ... 11

Ohne Gott ist alles erlaubt! ... 20

Das Erste Gebot ist den
Deutschen das unwichtigste ... 23

Wissen Sie, was in den 10 Geboten steht? ... 25

Die 10 Gebote –
Gottes Wegweisung in unserer Zeit ... 27

Damit es dir gut geht! ... 38

DIE GEBOTE GOTTES PRAKTISCH:

Der Horror durchs Horoskop ... 40

Auch sonntags seinen Laden
öffnen oder nicht? ... 42

Wie christliche Eltern ihre Kinder erziehen ... 43

Mein Bruder Kain ... 44

Ja zum behinderten Kind 46

Nach Abtreibung
wollte ich nicht mehr leben 7

Nach langer Untreue
bin ich Christ geworden 49

Warum wir unsere „wilde Ehe“ beendeten 50

Vom Homosexuellen zum Familienvater 52

Ein Kaufmann und das 7. Gebot 53

Ehrlich währt… 55

Das größte Erlebnis:
Nach Ehebruch eine gute Ehe 56

Die Bibel – ein Buch des Widerstandes 59

Unter Bestechung leiden
am meisten die Armen 61

Er stürzte die EU-Regierung 64

Ist der Mensch gut? 71

Gewissen mit Hornhaut 75

Lebensraum Gnade 86

Jesus, zu dir kann ich so kommen, wie ich bin 89

Einführung

Welche Werte hat der Westen?

In dem Film „Cocktail für eine Leiche" zeigt Alfred Hitchcock zwei Studenten, die einen unbeliebten Kommilitonen umbringen. Sie sind geprägt von dem Gedankengut ihres Professors Rupert, der der Ansicht ist, dass die üblichen Moralvorstellungen überholt sind. Um ihre Überlegenheit zu demonstrieren, servieren sie auf der Truhe, in der die Leiche liegt, für die Eltern des ermordeten Studenten und ihren verehrten Professor Rupert einen Cocktail. Als ihnen Rupert auf die Schliche kommt, reagiert er schockiert: „Woher nimmst du dir das Recht zu entscheiden, was lebenswert, und was nicht lebenswert ist? Hältst du dich für Gott?"

Rupert ist von dem Ergebnis seiner Wertvorstellungen schockiert. Das hat er nicht gewollt. Doch wie Rupert denken heute viele: Die alten Werte sind überholt. Die christlichen Gebote sind veraltet. Der moderne oder postmoderne Mensch setzt sich seine Maßstäbe selbst. Ethik wird individualisiert – jeder bestimmt selbst, was für ihn richtig und falsch ist. So schreibt Fernando Savater, Professor für Ethik an der Universität Bilbao, in seinem Buch „Tu was du willst – Ethik für die Erwachsenen von morgen" (Campus 1993): *„Du musst dich befreien von Befehlen und Gebräuchen, von Belohnung und von Strafe, kurz von allem, was dich von außen lenken will, und du musst diese ganze Angelegenheit aus dir selbst*

heraus, aus deinem Gewissen und freien Willen entwickeln. Frage niemanden, was du mit deinem Leben anfangen sollst: Frage dich selbst."
Doch sind wir tatsächlich in der Lage, „die ganze Angelegenheit aus uns selbst heraus zu entwickeln"? Sind wir nicht hoffnungslos überfordert? Gehört diese Angelegenheit in das Metier Gottes? Als die Schlange im Garten Eden den Menschen verführt, von dem verbotenen Baum zu essen, ködert sie ihn mit der Aussage: *„An dem Tag, da ihr davon esst, werden eure Augen aufgetan und ihr werdet sein wie Gott, erkennend Gutes und Böses"* (1. Mose 3,5).

Heute sehen wir vermehrt, wohin der „Wertewandel" führt. Unser Leben ist unsicherer geworden – nicht erst seit dem 11. September. Schon 1977 schrieb der amerikanische Historiker Christopher Lasch in seinem Buch „Geborgenheit": *„Jetzt, da es in der Wirtschaft, in der Innen- wie Außenpolitik immer härter und kriegsähnlicher zugeht, suchen die Menschen Zuflucht im Privatleben, in zwischenmenschlichen Beziehungen, vor allem in der Familie, der letzten Bastion der Liebe und der Schonung. Doch die Häuslichkeit ist offenbar immer weniger in der Lage, Trost und Halt zu geben."*
Und tatsächlich wird der Wertewandel besonders im Bereich von Ehe und Familie sichtbar. „Alternative Formen des Zusammenlebens" werden mehr und mehr legalisiert und der Ehe und Familie gleichgestellt. Kaum eine Vorabendserie ohne gleichgeschlechtliche Beziehung. Der Berliner Oberbürgermeister outet sich als Homosexueller und fügt noch hinzu: „Und das ist auch gut so!" Doch können eheähnliche Formen tatsächlich das leisten, was die Familien leisten kann? Bleiben dabei nicht die Kinder auf der Strecke?

Auch in anderen Bereichen wird der Wertewandel – vielleicht sollte man besser sagen Werteverlust – erschreckend sichtbar. „Der Ehrliche ist der Dumme", so betitelte der Fernsehjournalist Ulrich Wickert seinen Bestseller und weist damit auf einen erschreckenden Trend in unserer Gesellschaft hin. Auf allen Ebenen der Gesellschaft wird betrogen, was das Zeug hält. Von der Bestechlichkeit und Korruption in der Politik (ehemals eher das Metier in süd- und osteuropäischen Ländern – nun auch in Deutschland immer mehr salonfähig), bis zum alltäglichen, fast gewohnheitsmäßigen Betrug des Normalbürgers.

Ein Wertedefizit wird auch erkennbar durch neue technische und medizinische Entwicklungen. Immer wieder brechen neue Konfliktfelder auf. Um zwei zu nennen: Wie kontrolliert man das Internet, das auf der einen Seite großartige Möglichkeiten der Kommunikation bietet, aber eben auch seine Portale nicht vor Schmutz, Schund und gefährlichem Gedankengut verschließen kann? Ein anderes Beispiel: Im Zuge der Entschlüsselung des menschlichen Erbguts brechen neue Fragestellungen auf. Darf man (am Erbgut) des Menschen herumexperimentieren? Wo ist die Grenze zwischen dem, was man tun kann, und dem, was man tun darf oder soll? Alle diese Fragen können nur auf dem Hintergrund eines Wertebewusstseins beantworten werden. Denn ohne Werte sind wir wertlos.

Nach den schrecklichen Ereignissen des 11. Septembers wird vermehrt öffentlich die Frage nach unseren Werten gestellt. So fragt das Magazin DER SPIEGEL in der letzten Ausgabe des Jahres 2001: „Welche Werte hat der Westen?" Die Autoren zitieren u.a. den britischen Schriftsteller Salman Rushdie, der über die radikalen Islamisten sagt: *„Der Fundamentalist glaubt, dass wir an nichts glauben ... Um ihn zu widerlegen, müssen wir wissen, dass er irrt. Also kommt es darauf an, was für uns zählt."*
Doch Rushdies Antwort auf die Frage, was zählt, ist äußerst blass: *„Küssen in der Öffentlichkeit, Schinken-Sandwiches,*

öffentlicher Streit, scharfe Klamotten, Literatur, Großzügigkeit, Wasser, eine gerechtere Verteilung der Weltressourcen, Kino, Musik, Gedankenfreiheit, Schönheit und Liebe."

Ist das denn alles? Der SPIEGEL fragt weiter: *„Aber woran, im Ernst, glaubt der Westen denn darüber hinaus – jenseits auch seiner glitzernden Konsumwelt und technischen Brillanz? Was ist den Menschen zwischen Athen und Lissabon, Berlin und New York wichtig, außer Arbeit und Brot, Genuss und Komfort? Die Demokratie, gewiss. Aber dann? Kommt dann Gott? Welcher Gott? Ist ein Gott-Sucher weniger wert als ein Gott-Besitzer? Und bleibt für jene, die an Gottes Existenz zweifeln, wirklich ›nichts‹ übrig – eine durch Wohlstand und allerlei Laster versüßte Leere?"*

Zwar beschwört das Magazin die geistigen Traditionen des Westens. Aber wurden diese nicht alle demontiert, als überholt über Bord geworfen? Wie kann man Werte – z.B. die »Würde des Menschen« oder die »Menschenrechte« – begründen und aufrechterhalten? Ist vieles davon nicht erst durch das Christentum in die abendländische Geistes- und Kulturgeschichte eingedrungen? Kann man diese Werte ohne die Grundlage des christlichen Glaubens erhalten?

Welche Werte hat Europa noch – außer dem Euro? Muss sich das Euro-Land nicht dringend auf seine geistigen Wurzeln besinnen? Der Historiker Lutz von Padberg stellt fest, dass „die wissenschaftliche Forschung übereinstimmend der Ansicht (ist), dass die Ausbreitung des Christentums für Europa konstitutiv war."

Auch andere große Blätter beschäftigten sich zum Jahreswechsel 2001 / 2002 mit der Frage nach den Werten – und damit zusammenhängend – mit der Frage nach dem Glauben. Der folgende Artikel fasst Kernaussagen daraus zusammen.

Die Herausgeber

ideaSpektrum 1/2/2002 vom 10. Januar

MARCUS MOCKLER UND HELMUT MATTHIES

CHRISTEN, TRETET MUTIGER AUF!

Wenn jahrelang atheistisch orientierte Blätter positiv vom Christentum reden

Wie verbreitet war es doch in den Wochen nach dem 11. September, mit Betroffenheit im Gesicht vor Intoleranz zu warnen und sich selbstquälerisch der Frage zu unterwerfen, welche Mitschuld der Westen an den terroristischen Bluttaten von New York und Washington hat. Dieses Verhalten kritisiert nun ausgerechnet das linke Nachrichtenmagazin „Spiegel“ in seiner Ausgabe zum Jahreswechsel und fragt auf dem Titel „Welche Werte heute wichtig sind“. Das Blatt, das in den vergangenen Jahrzehnten häufig genug selbst die Demontage von Werten betrieben hat, fragt verwundert, warum viele Intellektuelle die menschenverachtenden Attacken durch islamische „Gotteskrieger“ als Konsequenz westlicher Politik deuten. Zitat: „So bot sich in den vergangenen Wochen eine verkehrte Welt: Nicht etwa die islamische Welt fragte sich (oder wurde gefragt), auf welchem ideologischen Nährboden diese Söhne des terroristischen Wahnsinns ... eigentlich gediehen seien; weit gefehlt – im Westen schlug man sich immer wieder masochistisch an die eigene Brust: Was haben wir bloß falsch gemacht?“

Es gibt keine Feindbilder

Die „Spiegel"-Autoren vertreiben einige Nebelschwaden, die die Debatte undurchsichtig gemacht haben. Etwa die allseits beschworene Angst, es könnte infolge des 11. September ein Feindbild Islam entstehen. „In der praktischen Politik der westlichen Länder spielen ‚Feindbilder' kaum eine Rolle, gilt doch die unkomfortable Fixierung auf ‚Feinde' irgendwelcher Art als schlicht unpopulär." Andererseits weist der Artikel darauf hin, dass manche Situationen auch tatsächlich dazu zwängen, Freund und Feind zu unterscheiden. Zum Beispiel hätten beim Krieg gegen die Nazis die Alliierten „nicht allzuviel Rücksicht auf Zwischentöne und Differenzierungen nehmen" können.

Kreuzzugsmentalität passé

Ein weiterer Fehler ist nach Meinung des „Spiegel" die Zurückhaltung des Westens, der im Blick auf die Kreuzzüge des Mittelalters noch heute ein schlechtes Gewissen hat und sich offenbar nicht auf einer höheren Stufe zu sehen vermag als islamische Terroristen. Dazu die Autoren: „Dieser Blick auf das Christentum verharrt im Grunde noch in mittelalterlichen Denkschablonen, während die Christen selbst sich schon vor Jahrhunderten von der Kreuzfahrer-Perspektive gelöst und spätestens im 19. Jahrhundert begonnen haben, sich mit der europäischen Aufklärung anzufreunden." Erstaunlich, dass man so einen Satz nie von führenden Kirchenleuten hört. Auf diesem Hintergrund nennt es der Artikel eine „absurde Gleichsetzung", wenn Tagesthemen-Moderator Ulrich Wickert und die indische Schriftstellerin Arundhati Roy bei dem Terroristenführer Osama Bin Laden und dem USPräsidenten George W. Bush dieselben „Denkstrukturen" zu entdecken meinen. Dass solche Kommentare überhaupt Resonanzboden finden, ist laut Spiegel ein „fernes Echo der alten linken Kritik am ‚US-Imperialismus'". Die Autoren scheuen sich nicht, darin eine Folge des Marsches der 68er durch die Institutionen zu sehen. „Vielleicht hat es nie in der Weltgeschichte eine Generation gegeben, deren politische und geistige Wortführer derart radikal und kompromisslos die Gesellschaft verwarfen, in der sie lebten und von der sie schließlich in hohe und höchste Ämter katapultiert wurden."

Werte ohne Gott?

Entlarvend an diesem Beitrag ist, dass er sich selbst mit der Benennung von Werten schwertut, die er sucht. Mit der Ablösung Europas vom Christentum seit der Aufklärung tritt der autonome Mensch in den Mittelpunkt, der sein Wertesystem ohne Gott begründen muss. Erstaunlicherweise zählen die Autoren indirekt sogar das deutsche Grundgesetz mit seinem Konzept von Menschenwürde und Menschenrechten dazu, obwohl gerade diese Verfassung laut ihrer Präambel in Verantwortung vor Gott geschrieben worden ist. Die ethische Dimension des Konflikts mit dem Islam wird in dem Beitrag nicht richtig wahrgenommen. Dass die Kultur des Westens mit ihrem Ja zu Prostitution und Homosexualität, Sex ohne Ehe, Pornographie an jedem Zeitschriftenstand, staatlich geförderten Abtreibungen, Alkoholismus als Volkskrankheit und entleerten Kirchen letztlich für Muslime (und für viele Christen) eine geradezu teuflische Dimension hat, muss ausgesprochen und erörtert werden. Über solche „Werte“ schreibt der „Spiegel“ nicht; besser: noch nicht. Denn wenn sich die Redaktion ihre intellektuelle Beweglichkeit erhält, dürfte die Ausgabe zum nächsten Jahreswechsel noch spannender werden.

Gebote ohne Sanktionen

Das Magazin „Stern“ stellt in einer Titelgeschichte über die Zehn Gebote fest, für die Mehrheit der Deutschen hätten die biblischen Gebote ihre Bedeutung als „moralische Verkehrsregelung“ verloren. „Deutschland, scheint’s, lechzt nach der ‚geistig-moralischen Wende‘, über die es vor knapp 20 Jahren, zu Beginn der Ära Kohl, nur lächelte”, heißt es da. Natürlich gebe es weiterhin Werte, etwa das Aufopfern für die eigenen Kinder oder das Engagement im Ehrenamt, an dem sich 22 Millionen Deutsche beteiligen. Die Werte bezögen sich aber auf Familie und soziales Umfeld, nicht allgemein auf Staat und Gesellschaft. „Wer womöglich seinem Freund das letzte Hemd opfern würde, hat womöglich keinerlei Skrupel, große Einkommensbeträge am Finanzamt vorbei zu schleusen.“

Es fehlen Maßstäbe

Es fehlen die allgemein verbindlichen Maßstäbe. Der „Stern“ lässt dann Prominente wie den Starregisseur Wim Wenders und den Publizisten Walter Jens erklären, was ihnen die Zehn Gebote bedeuten. Bei vielen ist die Tendenz zu beobachten, die klaren alttestamentlichen Regeln in Empfehlungen umzuinterpretieren. Das heißt: Die Werte in den Geboten sollen erhalten bleiben und sich in sozialem Verhalten und praktizierter Nächstenliebe äußern, die strengen Sanktionen und der „erhobene Zeigefinger“ sollen verschwinden. Dass das nicht funktioniert, hat die Geschichte zwar längst bewiesen, doch hängen viele Intellektuelle weiterhin der Illusion vom an sich guten Menschen an, den man mit guter Erziehung zum ethischen Handeln bewegen kann.

Theologen: Ohne Glaube kein Berufserfolg

Dass das Christentum auf die Herausforderung des Islam nicht angemessen reagiert, kritisiert der Kirchenhistoriker Gerhard Besier (Heidelberg) in der letzten Ausgabe des „Focus“ 2001. Unter der Überschrift „Die Hilflosen spielen Helfer – Gegen islamischen Terror hilft kein Rest-Christentum“ schreibt Besier, die evangelische Kirche habe nach den Terroranschlägen vom 11. September die Chance nicht genutzt, Ratsuchenden Trost und Beistand zu geben. Deshalb hätten die Menschen die Kirchen schnell wieder verlassen. „Von Theologen erwarten sie mehr als Allerweltsratschläge.“

DAS MODERNE NACHRICHTENMAGAZIN www.focus.de

FOCUS

Die Hilflosen spielen Helfer

Gegen islamischen Terror hilft kein Rest-Christentum

Ratlose Theologen

Einer „ratlosen Theologengeneration" fehle die Hauptvoraussetzung zum Berufserfolg: lebendiger Glaube. So sei es zwiespältig, wenn einerseits in evangelischen Kirchen wieder eine lebendige Frömmigkeit beschworen werde, diese Frömmigkeit aber andererseits gemaßregelt werde, indem man Evangelikale, Charismatiker und bekennende Gemeinschaften kurzerhand als „fundamentalistische Cliquen" verleumde.

Kirche kämpft zu wenig gegen Christenverfolgung

Scharfe Kritik übt die FrankfurterAllgemeine Zeitung daran, wie sich Kirchenobere in Deutschland darum drücken, die düstere Seite des real existierenden Islam auch so zu benennen. So habe man nichts zu den Gewaltakten radikaler Muslime in Indonesien gesagt, bei denen in der Nacht zu Neujahr drei Menschen verletzt worden waren. Es sei befremdlich, „dass deutsche Bischöfe bei ihren Aufrufen zu Toleranz gegenüber Muslimen die aggressiven, vernichtenden Züge des radikalen Islam meist unerwähnt lassen. Es ist ein Armutszeugnis, dass es Christen in Deutschland leichter fällt, die Achtung der Menschenrechte überall auf der Welt zu fordern, als sich für die Religionsfreiheit ihrer Glaubensbrüder einzusetzen."

Noch keine Konsequenzen

Es berührt schon merkwürdig, dass weltliche Zeitungen die christlichen Kirchen auffordern, das ihnen Eigene stärker zu vertreten – auch gegenüber anderen Religionen. Was hier gefordert wird, kam allerdings in kirchlichen Stellungnahmen zum Weihnachtsfest weithin noch nicht zum Tragen. Im Gegenteil. Evangelische wie katholische Bischöfe forderten nun zum wiederholten Male zum Dialog mit dem Islam auf und warnten vor Vorurteilen. Von Selbstbewusstsein keinerlei Spur.

Wenn „Atheisten" die Weihnachtsgeschichte loben

Dazu machen derweil auch andere weltliche Blätter Mut. Die

die tageszeitung

Lob der Weihnachtsgeschichte

Einmal im Jahr rückt das Christentum Mutter und Baby ins Zentrum des Interesses – eigentlich keine schlechte Idee. Wir können davon etwas lernen – auch heute noch

grün-alternative „tageszeitung" (taz), die sich ansonsten klar atheistisch profiliert, titelte sogar: „Lob der Weihnachtsgeschichte".

Es lebe die junge Mutter

Im Text heißt es dann: „Es gehört zu den schönen Seiten des Christentums, dass es – jedenfalls einmal im Jahr – eine junge Mutter mit ihrem Kind in den Mittelpunkt der Verehrung rückt. Das hebt diese Religion von den anderen Hochreligionen ab." In anderen Zeitungen wurden zum Jahreswechsel sogar erstaunliche Zusammenhänge genannt, die christliche Blätter vermutlich gar nicht wagten zu veröffentlichen.

Starker Gottesdienstbesuch – weniger Verbrechen

So wird im Massenblatt „Bild" hintereinanderweg vom Gottesdienstbesuch und wirtschaftlichen Erfolg im Blick auf Bayern geschrieben: „Bayern hat nicht nur die meisten Kirchgänger. Es hat auch die besten Schulen, die intelligentesten Abiturienten und die fortschrittlichsten Industrien. Das flächengrößte Bundesland hat weniger Schulden, weniger Verbrechen als andere Länder." Und die Frankfurter Allgemeine Sonntagszeitung titelte „Frömmigkeit macht reich" und berichtete über eine Untersuchung aus den USA, die als Ergebnis erbracht habe: „Je höher der Grad von Urbanität, Bildung und Wohlstand – um so frömmer sind die Menschen." Am wichtigsten aber erscheint, dass Blätter wie „Die

Zeit" – jahrelang ein Hausblatt von Dorothee Sölle – mittlerweile von einer nachsäkularen Gesellschaft sprechen.

www.zeit.de

DIE ZEIT

WOCHENZEITUNG FÜR POLITIK • WIRTSCHAFT • WISSEN UND KULTUR

„Jetzt ist mal Ruhe hier! Und ich will auch keinen Schuss mehr hören!"

Der Gott, der uns fehlt

Märchenfilme und fromme Kantaten im Supermarkt der religiösen Gefühle

Das Christentum als „Fluch"

Noch vor über einem Jahr bot Deutschlands auflagenstärkstes Wochenblatt dem Philosophen Herbert Schnädelbach eine Plattform, auf der er das Christentum „als Fluch", der auf unserer Zivilisation laste, bezeichnen konnte. In der Weihnachtsausgabe der „Zeit" wird nun auf dem Titelblatt beklagt, dass die Kirche im inzwischen fast entchristlichten Deutschland ein Opfer „der eigenen, aufgeklärt-kritischen Theologie" geworden sei. Habe sie doch ihre „alten Mysterien" aufgegeben. Was nun? Ein Ruf nach Treue zu Bibel und Bekenntnis?! Selbst beim Gebrauch der Bibelübersetzungen scheint es eine Trendwende zu geben. So macht sich ausgerechnet die linksorientierte „Süddeutsche Zeitung" für den Gebrauch der

Lutherübersetzung im Gottesdienst aus Anlass einer Betrachtung der Weihnachtsgottesdienste stark: „Wie gut Martin Luther den Text (Lukas 2) vor 480 Jahren übersetzt hat, das spürt man im Laufe lebenslänglichen immer wieder Lesens. Keinerlei Überdruss entsteht, kein Abnutzungseffekt. Ohne falsch-preziöse Gewähltheit wirkt Luthers Deutsch nah und fern zugleich, eine hochmusikalische Mixtur aus seltsam Ungewohntem und zwingend Unmittelbarem."

Für Luther – gegen Schlappes

Die Frankfurter Allgemeine Sonntagszeitung kritisiert gar, dass sich in Hotels Bibeln fänden, die eine andere als die Lutherübersetzung enthielten. Über eine moderne Übersetzung heißt es: „Wo man hinschaut, nichts als schlappe Sätze ... Statt dessen Lichterkettendeutsch ... Eine politisch halbwegs korrekte Schwachsprache." Der Beitrag endet mit den Worten: „Wer in einer solchen Hotelbibel blättert, wird früher oder später doch zum Fernsehprogramm zappen." Die Beiträge in führenden weltlichen Blättern deuten eine mögliche Trendwende an und machen gleichzeitig den Christen und Kirchen Mut, selbstbewusster und überzeugender ihren christlichen Glauben zu vertreten und zu leben. Sicher – in den meisten Artikeln gibt es Falsches, Einseitiges und Verqueres über den christlichen Glauben. Aber dass er überhaupt wieder ein Thema geworden ist, ist ein mutmachendes Zeichen zum Jahresbeginn.

Ohne Gott ist alles erlaubt!

In der Präambel unseres Grundgesetzes heißt es:

„Im Bewusstsein seiner Verantwortung vor Gott und den Menschen, von dem Willen beseelt, als gleichberechtigtes Glied in einem vereinten Europa dem Frieden der Welt zu dienen, hat sich das Deutsche Volk kraft seiner verfassungsgebenden Gewalt dieses Grundgesetz gegeben."

Das Grundgesetz ist aus der „Verantwortung vor Gott und den Menschen" entstanden. Diese Formulierung macht deutlich, dass eine rein humanistische Verantwortung, also eine rein menschliche Verantwortung, nicht reicht.

Als im Jahr 1994 diskutiert wurde, ob man diesen Gottesbezug aus der Verfassung streichen könnte, erschien in der Frankfurter Allgemeinen Zeitung ein Kommentar mit dem Titel *„Ohne Gott ist alles erlaubt"* (FAZ 10.1.1994) Dort schreibt Kurt Reumann: *„Der Gottesbezug ist der Anker nicht nur der Verfassung, sondern auch allen Sinns, jeder Moral … Die Katastrophen des 20. Jahrhunderts haben gelehrt, wohin es führen kann (führen muss?), wenn Menschen sich an die Stelle Gottes erheben und dekretieren, was Moral sei … Der Gottesbezug macht bescheiden: Der Mensch ist fehlbar, seine Werke sind unvollkommen, und auch das Recht des Staates ist nur etwas ‚Vorletztes' … Die Skeptiker wissen nämlich so gut wie die Christen, wie stark die Religion dem diesseitigen*

Leben nützt: Der Glaube begründet sittliche Werte, er weckt Hilfsbereitschaft, stärkt das Gemeinschaftsgefühl, schenkt Geborgenheit, schafft Sinn."

Friedrich Nietzsche schrieb in seinem Buch *„Die fröhliche Wissenschaft"* über den *„tollen Menschen"*, der den „Tod Gottes" verkündigte. Er war sich bewusst, dass diese Aussage gewaltige Konsequenzen hat: *„Wie vermochten wir das Meer auszutrinken? Wer gab uns den Schwamm, um den ganzen Horizont wegzuwischen? Was taten wir, als wir diese Erde von ihrer Sonne losketteten? Wohin bewegt sie sich nun? Wohin bewegen wir uns? Fort von allen Sonnen? Stürzen wir nicht fortwährend? Gibt es noch ein Oben und ein Unten? Irren wir nicht durch ein unendliches Nichts? Ist es nicht kälter geworden? Kommt nicht immerfort die Nacht und mehr Nacht? ... Gott ist tot! Gott bleibt tot!"* Und dann zieht Nietzsche eine Konsequenz daraus: „Müssen wir nicht selber zu Göttern werden ...?"

Doch was passiert, wenn Menschen versuchen, Gott zu spielen? Ist nicht aus der Menschheitsgeschichte zu genüge bekannt, welch katastrophale Auswirkungen das hat?
Die kürzlich verstorbene Herausgeberin der Wochenzeitschrift „Die Zeit", Marion Gräfin Dönhoff, schrieb schon 1993 angesichts der zunehmenden Gewaltbereitschaft: *„Gewalt und Barbarei greifen immer mehr um sich. Wie ist es dazu gekommen? ... Es gibt keine verbindliche Ethik mehr und keine moralischen Prinzipien, die dem Handeln Grenzen setzen. Der Mensch ohne metaphysische Bindungen ist eben seinem eigenen Größenwahn ausgeliefert und für jede Manipulation offen. Wir brauchen heute weit zwingender als in früheren Zeiten eine verbindliche Ethik.“* (DIE ZEIT 28/93)

Wer Werte will, braucht Gott! Der russische Dichter Dostojewskij bringt es auf den Punkt: *„Falls es keinen Gott gibt, ist alles erlaubt"*. Mehrheitsentscheidungen können nicht definieren, was Gut und was Böse ist. Wir brauchen Werte, die über uns stehen. Wir müssen uns sagen lassen, was gut und was böse ist. Der Prophet Micha formuliert treffend: *„Man hat dir mitgeteilt, o Mensch, was gut ist. Und was fordert der HERR von dir, als Recht zu üben und Güte zu lieben und demütig zu gehen mit deinem Gott?"* (Micha 6,8)

„Man hat dir mitgeteilt" – doch die Werte, die Gott uns mitgeteilt hat, geraten immer mehr in Vergessenheit. Die nächsten zwei Artikel zeigen, wie sehr das der Fall ist. Der darauf folgende Artikel will die Zehn Gebote neu als Gottes Wegweisung für unsere Zeit vorstellen.

Das Erste Gebot ist den Deutschen das unwichtigste

Wenig akzeptiert wird die Ehrung Gottes und die Feiertagsheiligung

Das Erste Gebot „Ich bin der Herr, dein Gott, du sollst keine fremden Götter haben neben mir“ wird von den meisten Deutschen als das unwichtigste der Zehn Gebote eingestuft. Das ergab eine repräsentative Umfrage des Meinungsforschungsinstituts Emnid für die Zeitschrift „Spiegel special“ (Hamburg). 39 Prozent erklärten das Erste Gebot für unverzichtbar; 33 Prozent halten es für „wichtig“. Wenig akzeptiert werden auch das Zweite und das Dritte Gebot („Du sollst den Namen Deines Gottes nicht entehren“ und „Du sollst den Feiertag heiligen“). Lediglich 57 bzw. 54 Prozent der Deutschen sehen diese Gebote als wichtig an. „Nur noch vier der Zehn Gebote der Christenheit werden von nahezu allen in Deutschland lebenden Frauen und Männern als wichtig eingeschätzt“, kommentiert „Spiegel special“ die Umfrage. „So halten es erheblich mehr Bundesbürger für bedeutsam, ihre Eltern zu ehren als ihrem Partner treu zu sein.“

Am meisten bejahen die Bundesbürger das Gebot „Du sollst nicht töten“, das 97 Prozent für wichtig betrachten. Hohe Akzeptanz finden ebenfalls die Gebote „Du sollst Vater und

Mutter ehren“ und „Du sollst nicht stehlen“. Jeweils 96 Prozent ordnen diese als wichtig ein. Eine fast ebenso große Zustimmung erreichte mit 91 Prozent das Gebot, nach dem man nicht „falsch Zeugnis ablegen soll wider seinen Nächsten“. 86 Prozent halten es für unverzichtbar, nicht das Eigentum des Nächsten zu begehren. In ihrer Sexualmoral sind die Bundesbürger weniger streng: Nur 75 Prozent sehen es als bedeutsam an, den Ehebruch zu verdammen.

Mose empfängt die Gesetzestafeln.
Darstellung nach José de Ribera

ideaSpektrum 8/2002 vom 20. Februar

Wissen Sie, was in den 10 Geboten steht?

Ein Kernstück des christlichen Glaubens ist immer weniger Deutschen bekannt

Als ein Kernstück ihres Glaubens gelten für Juden wie Christen die Zehn Gebote. Doch inzwischen haben die meisten Deutschen nur noch ungefähre Vorstellungen von ihnen. Dies ergab eine repräsentative Umfrage unter 1.013 Bundesbürgern, die das Meinungsforschungsinstitut Emnid im Auftrag des evangelischen Monatsmagazins „Chrismon" durchführte. Den Befragten wurden zehn Forderungen vorgelegt, von denen aber nur fünf (dunkel unterlegt) aus den Zehn Geboten stammten. Die meisten erkannten, dass „Du sollst nicht falsch Zeugnis reden" „echt" ist. Ebenfalls 89% waren allerdings der falschen Meinung, dass „Du sollst deinen Nächsten lieben wie dich selbst" auch zu den Zehn Geboten gehöre. Dabei handelt es sich um eines von zahlreichen „Gesetzen zur Heiligung des täglichen Lebens" aus dem 3. Buch Mose, das Jesus mehr als 1.000 Jahre später wiederholt hat. Dass die Aufforderungen, „keine anderen Götter" neben Gott zu haben und „den Feiertag zu heiligen", zu den Zehn Geboten gehören, erkannten 77 beziehungsweise 67% der Befragten. Die Umfrage machte auch die unterschiedliche Bibelkenntnis in alten und neuen Bundesländern deutlich. Während 49% der Ost-Bürger die Aufforderung „Du sollst tolerant sein gegenüber anderen Religionen" zu den Zehn Geboten zählten, waren es in Westdeutschland nur 37%, obwohl sich diese Aufforderung in der Bibel überhaupt nicht befindet.

„Welche der folgenden zehn Zitate gehören zu den Zehn Geboten?"

Eine repräsentative Umfrage in Deutschland

	Gesamt	alte Bundesl.	neue Bundesl.
Du sollst nicht falsches Zeugnis reden	89 %	89 %	88 %
Du sollst deinen Nächsten lieben wie dich selbst	89 %	89 %	90 %
Du sollst keine anderen Götter neben mir haben	77 %	83 %	52 %
Du sollst den Feiertag heiligen	67 %	67 %	67 %
Du sollst vergeben, so wird dir vergeben werden	65 %	62 %	77 %
Du sollst den Namen Gottes nicht unnütz gebrauchen	65 %	66 %	60 %
Du sollst nicht begehren deines Nächsten Haus	58 %	58 %	57 %
Du sollst deine Feinde lieben	50 %	51 %	46 %
Du sollst die Schöpfung bewahren	42 %	40 %	50 %
Du sollst tolerant sein gegenüber anderen Religionen	39 %	37 %	49 %

ideaSpektrum 5/2002 vom 30. Januar

DIE 10* GEBOTE – GOTTES WEGWEISUNG IN UNSERER ZEIT

Eine Orientierungshilfe der Bekennenden Gemeinschaften in den evangelischen Kirchen

Die biblischen „Zehn Gebote" sind für fast jeden zweiten Westdeutschen und immerhin mehr als jedem vierten Bürger in den neuen Bundesländern eine Orientierung. Doch welche Bedeutung haben sie heute konkret? Sind tatsächlich heute alle gültig? Dazu hat die Konferenz Bekennender Gemeinschaften in den evangelischen Kirchen Deutschlands und deren Theologischer Konvent eine Orientierungshilfe unter dem Thema „Um die Gültigkeit der Gebote Gottes tobt heute ein harter Kampf" veröffentlicht. In dem evangelikalen Dachverband sind vor allem lutherische und pietistische Organisationen vertreten.

Unsere postmoderne Geschichtsepoche ist gekennzeichnet durch eine tiefgehende geistige Verunsicherung und Auflösung sittlicher Normen. Die Abkehr unserer abendländischen Völker vom christlichen Glauben hat zu fatalen ethischen Dammbrüchen geführt. Auch staatlich eingesetzte „Ethik-Kommissionen" können sie nicht aufhalten. Vergeblich suchen Menschen nach Halt und verlässlichen Maßstäben unter verschiedenen weltanschaulichen Angeboten. Mitten hinein in diese Grundlagenkrise unserer Gesellschaft spricht der lebendige Gott als Schöpfer, Erhalter und Erlöser der Menschheit. Alle, die ihm vertrauen, finden bei ihm sichere Orientierung für ihr Leben. Gottes biblische Selbstoffenbarung bietet sie untrüglich in den Zehn Geboten. In diesen hat er ursprünglich dem dazu auserwählten Volk Israel und seither – durch die Weltmission – allen Völkern seinen heiligen Willen zu erkennen gegeben. Die Gebote sind ein zuverlässiger Prüfstein der Gewissenserforschung und werden einst Kriterien im Endgericht über alle Menschen bilden (Römer 2,6). Jesus Christus hat die Unumstößlichkeit dieses göttlichen Lebensgesetzes bestätigt (Matthäus 5,17-28) und dessen tiefsten Sinn durch seine Lehre und sein Vorbild erschlossen (Matthäus 22,36-40). Sein Erlösungswerk eröffnet auch uns ein Leben im Gehorsam nach Gottes Weisungen (Johannes 14,15). Für Christen gelten die Zehn Gebote als verbindliche Richtschnur. Darüber hinaus bilden sie die Grundlage für alles menschliche Zusammenleben, indem sie anknüpfen an das jedem Menschen ins Herz geschriebene Wissen um Gut und Böse (Römer 2,14f.). Um die Gültigkeit der Gebote Gottes tobt heute ein harter Kampf. In ihm geht es ganz real um Leben und Tod, um Wohlergehen und wahres Glück der Menschen. Das betrifft alle Zehn Gebote, besonders das grundlegende Erste sowie das Vierte bis Sechste: Gegen das Erste Gebot richtet sich die Gleichsetzung aller Religionen, die heute vielfach unter dem Vorwand der „Toleranz“ gefordert wird. Die antiautoritäre Revolution will das Vierte, die sexuelle das Sechste Gebot abschaffen. Dem mit der Legalisierung der Abtreibung bereits erfolgten Angriff auch auf das Fünfte Gebot drohen weitere Aushöhlungen. Sie geschehen durch die biotechnische Manipulation mit menschlichen Embryonen sowie die von vielen geforderte Freigabe der „Euthanasie“ in Form „aktiver Sterbehilfe“. Um Gottes und der Menschen willen ist es heute dringend notwendig, gerade diesen Geboten besondere Aufmerksamkeit zu widmen. Da die Zehn Gebote weithin in Vergessenheit geraten sind oder ihnen sogar offen widersprochen wird, möchten wir sie zunächst in ihrer biblischen Urgestalt in Erinnerung bringen und dann – in Aufnahme ihres pädagogisch vereinfachten Wortlautes nach dem Kleinen Katechismus Martin Luthers – ihre Bedeutsamkeit für die brennenden ethischen Fragestellungen der Gegenwart aktualisieren.

1. Ich bin der HERR, dein Gott, du sollst nicht andere Götter haben neben mir.

Gott ist der Herr. Er ist der eine Gott, der sich im Alten Testament als der Gott Abrahams, Isaaks und Jakobs und im Neuen Testament als der Vater Jesu Christi geoffenbart hat. Seine Einzigartigkeit erweist sich in seiner grundlegenden Tat der Errettung aus der uns Menschen knechtenden Macht des Bösen. **Daraus folgt:** Der Dreieinige Gott begegnet uns als persönliches Gegenüber und nicht als blasse Idee. Weil er sich selbst als lebendige Person in seiner Allmacht, Heiligkeit und Liebe kundgetan hat, dürfen Menschen nicht eigene Phantasien an seine Stelle setzen. Ebenso wenig dürfen Götterwesen anderer Religionen mit ihm in eins gesetzt werden oder ergänzend zu ihm verehrt werden. Ein multireligiöses Einerlei nach dem Motto „Wir glauben doch letztlich alle an den gleichen Gott" ist damit ausgeschlossen.

Du sollst dir kein Bildnis noch irgendein Gleichnis [von Gott] machen, weder von dem, was oben im Himmel, noch von dem, was unten auf Erden, noch von dem, was im Wasser unter der Erde ist.

Gott der Herr lässt nicht über sich verfügen; er steht seiner Schöpfung erhaben gegenüber (2. Mose 33,20). Doch begegnen wir ihm lebensnah persönlich im Hören auf sein Wort in der Heiligen Schrift und anschaulich in Jesus Christus, seinem menschgewordenen ewigen Sohn. Er ist das wahre

Abbild Gottes, in dem er sich seinem ganzen Wesen nach erkennbar verleiblicht hat (Kolosser 2,9). **Daraus folgt:** Menschliche Gottesvorstellungen dürfen nicht an die Stelle seiner Selbstoffenbarung treten: Sie verkennen den Schöpfer des Himmels und der Erde und bleiben so im Bereich des Diesseitigen und Mythischen. Darum darf Gott auch nicht mit der Natur oder dem Wesen des Menschen in eins gesetzt werden.

2. Du sollst den Namen des HERRN, deines Gottes, nicht unnützlich führen; denn der Herr wird den nicht ungestraft lassen, der seinen Namen missbraucht.

Gottes Herr-Sein zeigt sich in seinem unverwechselbaren Namen, in dem er uns als persönliches Gegenüber anredet. Der Gebrauch seines Namens erfordert Achtung und Ehrfurcht – in dem Wissen, daß auch wir einen Namen und eine bleibende Würde haben, so, wie Gott uns in Jesus Christus mit unserem Namen ruft. **Daraus folgt:** Ein gedankenloses Nennen des Gottesnamens oder gar sein Mißbrauch für eigene Zwecke, seine Verspottung in „Kunstwerken", in den Medien und in der Werbung beleidigt Gott ebenso wie liturgische Experimente mit fremdreligiösen Einschlägen. Sie entehren auch den zu Gottes Ebenbild erschaffenen Menschen. Gott wird den Ehrfurchtslosen zur Verantwortung ziehen.

3. Du sollst den Feiertag heiligen.

Gott ist der Herr der Zeit, und alle unsere Zeit verdanken wir ihm. Der wöchentliche Ruhetag gehört ihm in besonderer Weise, seit er ihn am Anfang segnete (1. Mose 2,2f). Christen feiern den Sonntag, den 1. Tag der Woche, im Gottesdienst in Erinnerung an die Auferstehung Jesu und in der Hoffnung auf seine Wiederkunft bei der Vollendung der Zeit. **Daraus folgt:** Der von Gott eingerichtete Ruhetag ist in Anspruch zu nehmen als der gegebene Zeitraum für den Gottesdienst, als

Freistellung von den Zwängen der Arbeit, des Leistungsdrucks und des Profits. Auch gegenüber technischen Zwängen sowie modernen Freizeit- und Spaßgesellschaften, die in Gefahr stehen, sich in oberflächlichem Trubel zu verlieren, muss der Sonn- und Feiertag als Chance zur Besinnung auf das Wesentliche gewahrt und geschützt werden. Wer dem Gebot entsprechend wirklich sechs Tage arbeitet, braucht zum Hören auf Gott und zur Erholung den Sonntag.

4. Du sollst deinen Vater und deine Mutter ehren, auf dass dir's wohl ergehe und du lange lebest auf Erden.

Gott ist der Herr der Geschichte und der Generationen. Er hat Eltern und anderen Verantwortlichen an seiner Statt Autorität verliehen, mit der sie ihrerseits unter ihm stehen. Diese dient dem Wachstum, der Vermittlung wahrer Werte und der geordneten Entfaltung von Leben. Weil echte Autorität lebensnotwendig ist für den Einzelnen und die Gemeinschaft, hat Gott den diesem Gebot Gehorsamen die Verheißung dauerhafter irdischer Existenz gegeben (Epheser 6,1-3). **Daraus folgt:** Von Gott verliehene Autorität erfordert eine ihr entsprechende achtungsvolle Unterordnung; verstehende

Elternliebe wird sie erleichtern (Kolosser 3,20f). Erziehung geschieht im Auftrag Gottes und auf ihn hin; bezweckt sie hingegen eine grundsätzliche Auflehnung gegen alle Normen zugunsten ungehemmter Selbstentfaltung, dann richtet sie sich letztlich gegen ihn und auch unser wahres Selbst. Das Vierte Gebot erinnert die jeweils junge Generation daran, dass sie nicht Maß aller Dinge ist. Sie steht vielmehr in einem Zusammenhang der Generationen, dem sie vieles verdankt und aus dem ihr konkrete Aufgaben erwachsen. Älteren Menschen, auch geistig hinfälligen, gebührt Achtung und Fürsorge. Der Respektlosigkeit und einem Kult der Jugendlichkeit mit vermeintlich unerschöpflicher Kraft, Schönheit und Gesundheit tritt Gottes Gebot entschieden entgegen.

5. Du sollst nicht töten.

Gott ist der Herr des Lebens. Weil er den Menschen zu seinem Ebenbild mit einer unsterblichen Geistseele (Matthäus 10,28) erschaffen hat, besteht dessen Würde und Lebensrecht nicht in der Reife seines Bewusstseins oder der Vollkommenheit seiner leib-seelischen Gesundheit, sondern in seinem unaufhebbaren Gottesbezug, der schon bei der Empfängnis eintritt (Jesaja 44,24; Jeremia 1,4; Lukas 2,21). Gott allein besitzt das Verfügungsrecht über Beginn und Ende des Lebens jedes Menschen. **Daraus folgt:** Das Verbot des Mordens gilt dem Einzelnen wie auch jeder Gemeinschaft und schließt auch den Selbstmord ein. Ein Töten kann nach Jesus schon in Gedanken und mit Worten geschehen (Matthäus 5,21f). Allein die „Obrigkeit" hat nach dem Willen Gottes das Recht und die Pflicht, Menschen notfalls auch unter Gewaltanwendung zu schützen (Römer 13,4). Individuelle Verteidigung gegen Mord und Terror ist u.U. statthaft. Ein Selektieren zwischen „wertvollem" und „nutzlosem" Leben – z.B. aufgrund vorgeburtlicher Untersuchung (PND =Pränatale Diagnostik) ist uns untersagt. Eine Abtreibungspraxis, die besagt, dassUngeborene nach erfolgter Beratung bzw. innerhalb einer bestimmten Frist getötet werden dürften, ist ebenso ausgeschlossen wie eine „Sterbehilfe“, die auf Wunsch eines alten oder kranken Menschen zur Tötung berechtigt. Ausgeschlossen sind darüber hinaus jede Form der Präimplantationsdiagnostik (PID), des Klonens von und des Experimentierens mit Embryonen.

6. Du sollst nicht ehebrechen.

Gott ist der Stifter der Ehe, der bis zum Tod des Partners unauflöslichen Verbindung eines Mannes mit einer Frau. Ehe und Familie, die in Verantwortung vor Gott und vor den Menschen gelebt werden, sind seit der Schöpfung seine guten Ordnungen. Sie stehen deshalb unter seinem besonderen Schutz und Segen. **Daraus folgt:** Die Heiligkeit der Ehe ist in Gedanken, Worten und Verhalten zu respektieren, und ihre vom Schöpfer gewollte lebenslange Dauer (Matthäus 5,27ff) muss erneut erkannt werden. Die heute auch unter Christen um sich greifende Scheidungsbereitschaft ist daher abzulehnen, ebenso auch der fast allgemein akzeptierte außer- und voreheliche Geschlechtsverkehr sowie alle Tendenzen zur Sexualisierung der Gesellschaft. Öffentlich widersprochen werden muss einer staatlichen und kirchlichen Förderung alternativer Partnerschaften, praktizierter Homosexualität, Prostitution und Pornographie. Ein gesundes Ehe- und Familienleben erfordert bewusste Pflege der Beteiligten sowie moralische und praktische Förderung durch Staat und Kirche. Kinderreiche Familien bedürfen der ausreichenden sozialen Unterstützung, und die – heute leider vielfach verachtete – Stellung der Frau als „nur“ Mutter und Hausfrau verdient volle Anerkennung. Die rechtliche und finanzielle Benachteiligung von Ehe und Familie führt unausweichlich zur demographischen Katastrophe.

7. Du sollst nicht stehlen.

Gott ist der Geber und Erhalter von Besitz. Das Vorhandensein von persönlichem Eigentum als Leihgabe Gottes wird vorausgesetzt, wenn hier Diebstahl – an Einzelnen wie an der Gemeinschaft – untersagt wird. **Daraus folgt:** Das unbedingte Verbot, andere ihres Eigentums zu berauben, umfasst jede – auch geistige – Form von Diebstahl. Dazu gehören auch Steuerhinterziehung oder Bestechung. Für Christen ist es eine selbstverständliche Verpflichtung, mit ihrem persönlichen Eigentum auch das Gemeinwohl zu fördern und die Not bedürftiger Menschen zu lindern.

Diebstahl am Bildschirm ist für viele eine Bagatelle.

8. Gebot: Du sollst nicht falsch Zeugnis reden wider deinen Nächsten.

Gott ist wahrhaftig und ein Schützer der Wahrheit. Somit sind auch wir, seine Ebenbilder, im Umgang mit unseren Mitmenschen zur Wahrheit verpflichtet. **Daraus folgt:** Lügen und übler Nachrede, die der Ehre eines anderen Menschen schaden und das Vertrauen zu ihm vergiften, ist sowohl im öffentlichen Bereich als auch im alltäglichen Umgang von Menschen untereinander nachdrücklich entgegenzutreten. Dies gilt auch für ein manipulierendes Presse- und Medienverhalten, mit dem Menschen in ein rufschädigendes Licht gesetzt werden. Auf internationaler Ebene ist der Hetzpropaganda zu widerstehen, weil sie den Völkerfrieden gefährdet.

9.+10. Du sollst nicht begehren deines Nächsten Haus. Du sollst nicht begehren deines Nächsten Weib, Knecht, Magd, Vieh oder alles, was sein ist.
Gott, der Vater, sorgt für uns und gibt, was wir zum Leben brauchen. Weil Gott das Leben seiner Geschöpfe erhält, will er ihnen auch alles gewähren, was ihnen persönlich zu einem Leben in seinem Sinne nötig ist. **Daraus folgt:** Wir sollen unseren Mitmenschen neidlos Recht und Freiheit zugestehen, sich mit ihrem Besitz und ihren Gaben in dem ihnen von Gott zugewiesenen Lebensraum zu entfalten. Auch sollen wir ihnen beistehen, einen angemessenen Lebensstand zu erreichen. Christen sind als Kinder Gottes von dem Trieb befreit, sich ständig an anderen, deren Besitz, Stand und Macht zu messen. Eine materialistische Lebensführung schändet den wahren Lebenssinn.

Bleibende Gültigkeit

Diese Zehn Gebote sind deshalb verbindlich, weil hinter ihnen der unwandelbare Gott als der in höchster Autorität Gebietende steht. Wer sie missachtet und nach seinem eigenen Gutdünken lebt, wird sich selbst zerstören und sich vor Gottes Gericht verantworten müssen (2. Mose 20,5; 2. Korinther 5,10); denn Gott, der Herr, der uns zum Leben bestimmt hat, wird der frevelhaften Außerkraftsetzung seiner heiligen Gebote nicht untätig zusehen. Gott hat trotz aller geschichtlichen Wandlungen seine Weisungen im Blick auf das Leben der Menschen niemals geändert (Jakobus 1,17). Darum dürfen sie unsererseits nicht aufgeweicht oder umgedeutet werden (Jesaja 5,21f.). Weil er die Liebe ist, schneidet Gott uns Menschen durch seine Gebote nicht von echter Lebensfreude ab, sondern stellt uns auf seinen guten Weg. Auch wenn Menschen unter der Macht der Sünde und Gottesferne dies gar nicht wollen, hebt das die Gültigkeit der Gebote nicht auf. Das gilt gerade auch angesichts der prophetisch vorhergesagten Zeit antichristlicher Gesetzlosigkeit (Matthäus 24,12; 2. Thessalonicher 2,10; 2. Timotheus 3,1-5). Aus Angst, zu kurz zu kommen, werden wir vor Gott und Menschen schuldig und bedürfen immer wieder der Vergebung. Jesus kann und will sie uns schenken; denn er hat die göttliche Bestrafung für unsere Übertretungen stellvertretend erlitten. In seiner Nachfolge und durch die Leitung seines Heiligen Geistes werden wir befähigt zu einem neuen Leben, das in der Liebe zu Gott und zu unseren Nächsten – ja, auch unseren Feinden! – besteht. In dieser Liebe finden die Zehn Gebote ihre gelebte Vollendung. Indem wir die bleibende Gültigkeit der Gebote durch diese Erklärung nachdrücklich bekräftigen, ermutigen wir alle, die bereit sind, diese Wegweisung des

Der Neid scheint weiter verbreitet als man meint

Dreieinigen Gottes zum Leben zu hören, ihr unerschrocken auch zu folgen. Denn einem solchen Leben hat er unermesslichen Segen versprochen (2. Mose 20,6). Auch uns Heutigen gilt das einst den Erstempfängern der Zehn Gebote Gesagte: *„Siehe, ich lege euch heute vor den Segen und den Fluch: den Segen, wenn ihr gehorcht den Geboten des Herrn, eures Gottes, die ich euch heute gebiete; den Fluch aber, wenn ihr nicht gehorchen werdet den Geboten des HERRN, eures Gottes, und abweicht von dem Wege, den ich euch heute gebiete ...„* (5. Mose 11, 26-28).

* In der Auslegung der Zehn Gebote folgt der Artikel deren Zählung bei Martin Luther, die einer schon vorreformatorischen lateinischen Tradition entspricht. Hier sind das erste und zweite Gebot zu einem zusammengefasst, wärend das letzte in das neunte und zehnte Gebot zerlegt wird. Eine andere Zähltradition ist die in der Orthoxen Kirche übliche und dann von Zwingli und Calvin übernommene, welche die biblische Gliederung mit der Eigenständigkeit des Bilderverbots beibehält.

DAMIT ES DIR GUT GEHT!

Als Mose dem Volk Israel einmal eindringlich die Bedeutung der Gebote Gottes vor Augen stellt, macht er folgende Aussage: *„Und du sollst tun, was recht und gut ist in den Augen des HERRN, damit es dir gut geht …"* (5. Mose 6,18)

Wenn wir über die Gebote Gottes nachdenken, haben wir häufig den Eindruck, dass diese Gebote unser Leben einengen und ihm Qualität nehmen. Das Gegenteil ist jedoch der Fall. Das, was gut ist in Gottes Augen, tut auch seinen Menschen gut.

Wenn man sich mit den Geboten Gottes im Alten Testament auseinandersetzt, macht man erstaunliche Entdeckungen. Neben manchem, das uns fremd erscheint, hatte das Volk Israel eine enorm fortschrittliche Sozialgesetzgebung. So war es z.B. den Grundbesitzern verboten, die Felder komplett abzuernten. Hier diese Anordnung Gottes im Wortlaut:
„Wenn ihr erntet, sollt ihr euer Feld nicht bis an den Rand abernten und keine Nachlese halten. Auch eure Weinberge sollt ihr nicht ganz ablesen und die heruntergefallenen Trauben nicht aufheben. Lasst etwas übrig für die Armen und für die Fremden, die in eurem Land wohnen. Ich bin der HERR, euer Gott!" (3. Mose 19,9-10)

Dies ist nur ein Beispiel für die „Humantität" der Gebote Gottes. So wurde z.B. auch Landbesitz, der aus irgendwelchen Gründen verpfändet werden musste, nach 49 Jahren zurückgegeben (3. Mose 25,8-17). Damit wurde verhindert, dass ganze Sippen total verarmten und die Schere in Israel zwischen Arm und Reich immer weiter auseinander klaffte.

Solche Anordnungen Gottes zum Wohl und Schutz der menschlichen Gemeinschaft lassen erahnen, dass man die Gebote Gottes nicht so sehr als Last empfunden hat, sondern als etwas, auf das man stolz sein konnte.
In dem folgenden Bibeltext wird das auch ausdrücklich von Mose formuliert: *„Ich verkünde euch jetzt die Gebote und Rechtsbestimmungen, so wie sie mir der HERR, mein Gott, für euch gegeben hat, damit ihr sie befolgt in dem Land, das ihr nun in Besitz nehmt.*
Beachtet sie also und handelt danach! Dann werdet ihr unter den Völkern für eure Weisheit berühmt werden. Denn wenn die anderen Völker hören, nach was für Geboten ihr lebt, werden sie voll Achtung auf euch blicken und sagen: »Wie klug und einsichtig ist doch dieses große Volk!« Kein anderes von den großen Völkern hat ja einen Gott, der ihm mit seiner Hilfe so nahe ist wie uns der HERR, unser Gott. Er hilft uns, sooft wir zu ihm rufen. Und kein anderes großes Volk hat so gute Gebote und Rechtsbestimmungen wie die, die ich euch heute gebe." (5. Mose 4,5-8)

Gott hat seine Gebote gegeben, um sie „zu befolgen", um „danach zu handeln". Es geht also nicht um eine philosophische Moraltheologie. Gottes Gebote sind – ganz praktisch – auf unseren Alltag zugeschnitten. Sie sollen gelebt werden. Dabei ist – auf den ersten Blick – nicht immer alles einsichtig. Doch wer nach Gottes Werten lebt, wird auf Dauer glücklicher und zufriedener leben.

Dazu einige Beispiele …

ideaDokumentation 2/1998

Die Gebote Gottes praktisch

Keine anderen Götter neben mir:

von Ulrike Lotze

Der Horror durchs Horoskop

Gesucht hat sie schon immer – gründlich: In hunderten Kirchen ist Isa Lowy (Foto) gewesen und ständig frustriert gegangen. Mit Buddhismus hat sie geliebäugelt. Auch die jüdische Religion ihres Mannes hat der heute 56-Jährigen imponiert. Doch da ihr Mann kein gläubigerJude war, befasste sie sich nicht näher damit. Vom Christentum wusste die gebürtige Österreicherin nichts – Folge der atheistischen Erziehung.

Auf der Suche nach Lebenssinn landet sie bei der Astrologie. In München lernt sie einen Astrologen kennen. Immer wieder sucht sie Rat bei ihm – etwa als ihr Mann, Händler in der Schmuckbranche, sich von einem Kunden in ein unsauberes Geschäft hat verwickeln lassen. Er kommt in Untersuchungshaft. Die Frau ist verzweifelt und lässt sich ein Horoskop erstellen: »Es hat sich in den folgenden Monaten in Einzelheiten bestätigt.« Als ihr Mann nach mehr als einem Jahr aus dem Gefängnis freikommt und entlastet wird, sind beide am Ende ihrer Kräfte. In einem weiteren Horoskop sieht der Astrologe eine noch schlimmere Zeit auf das Ehepaar zukommen. Als einzigen Ausweg sehen sie die Auswanderung nach Brasilien – um der »ungünstigen« Sternenkonstellation zu entgehen.

In Brasilien lernen sie durch ein Empfehlungsschreiben einen sympathischen Mann kennen, der ihr Geschäftspartner wird. Er lädt sie zu einer spiritistischen Sitzung ein. Isa Lowy ist fasziniert: „Ich empfand diese geistliche Welt als hochinteressant." – Als nach sechs Monaten plötzlich ihr Mann stirbt, sucht sie wieder Rat bei dem deutschen Astrologen: Auf seine Empfehlung hin führt sie das Geschäft weiter und investiert. Aber eineinhalb Jahre später sagt der Astrologe ihr plötzlich die Pleite voraus. Isa Lowy ist verzweifelt, denkt an Selbstmord.

In dieser Situation fährt sie zu ihrer Mutter nach Österreich. Eine Verwandte lädt sie zu einer Evangelisation ein. Dort entschließt sie sich, Christin zu werden: „Ich hatte nichts mehr zu verlieren." Sie kauft sich eine Bibel, geht nach ihrer Rückkehr in Brasilien jeden Tag zum Gottesdienst, sucht Kontakt zu Christen. Der Kampf beginnt: „Ich wusste, ich durfte keinen einzigen Kompromiss machen." Also zerreißt sie alle Horoskope und okkulten Bücher – und macht erstaunliche Erfahrungen. Ihr Geschäftspartner, als Hellseher tief in den Okkultismus verstrickt – hat Angst vor ihr. Das Geschäft geht abwärts. Sie kehrt nach Europa zurück. Zwei Jahre besucht sie in München eine Bibelschule: „In dieser Zeit hat Gott mich wieder aufgebaut und meine Seele langsam geheilt." Heute lebt sie bei ihrer Tochter in Hamburg und arbeitet in deren Gemeinde mit. Sie wird nicht müde, vor Astrologie und Spiritismus zu warnen: „Hinter all dem steckt Lüge und Gewalt. Die Menschen geraten in schreckliche Abhängigkeit." Isa Lowy weiß, wovon sie redet: „Christus hat mich aus den Stricken des Todes errettet."

MANFRED SEVERIN

AUCH SONNTAGS SEINEN LADEN ÖFFNEN ODER NICHT?

Nach 14 Jahren fand in Würzburg am 27. Oktober wieder ein verkaufsoffener Sonntag statt. Laut Zeitungsbericht war die Stadt überfüllt; es wurden in fünf Stunden Waren für rund 25 Millionen Mark verkauft. In allen Zeitungen der Region (Auflage: ca. 244.000) informierten wir am Tag zuvor die Bürger, dass wir nicht öffnen: „... denn Gottes Gebot sagt: ‚Du sollst den Tag des Herrn heiligen.' Wir danken für Ihr Verständnis und heißen Sie heute und am Montag herzlich willkommen." Nach dem verkaufsoffenen Sonntag bekundeten viele Kunden und Leser telefonisch, per Brief, Fax oder mit Leserbriefen in Zeitungen ihre Anerkennung für unsere Entscheidung. Es ist einerseits nicht leicht, in einer Zeit rückläufiger Umsätze an solch einem starken Verkaufstag nicht zu öffnen. Andererseits verwalten wir den Betrieb für Gott, so dass die Auswirkung seine Sache ist. Ferner macht die Gelegenheit Freude, Gott zu bezeugen. Unsere bisherigen Erfahrungen haben immer wieder gezeigt, dass Gottes Segen eine Realität ist und Gott sich nichts schenken lässt.

Der Autor ist Mitinhaber eines führenden Herrenbekleidungsgeschäftes in Würzburg.

Vater und Mutter ehren:

Monika Josiger

Wie christliche Eltern ihre Kinder erziehen

Die ersten fünf Jahre unserer Ehe habe ich mir keine Gedanken über die Erziehung der Kinder nach Gottes Ordnung gemacht. Ich war Atheist. Nachdem ich aber Christ geworden war, wurde mir klar, dass Gott uns unsere Kinder nur anvertraut hat. Sie sind nicht unser Besitz! Kindererziehung ist nicht einfach, aber mit Gottes Hilfe zu meistern. Wir bemühten uns, den Kindern vorzuleben, was wir glauben; ich denke, dies ist das Wichtigste von allem. Fragen, die sie stellen, und das manchmal in für Erwachsene heiklen Situationen, sollten auch unter problematischen Umständen beantwortet werden. Kinder müssen einfach von klein auf die Gewissheit haben: Ich kann mit allem kommen. Natürlich taten wir den Kindern auch mal unrecht, aber es ist für uns selbstverständlich, sie um Verzeihung zu bitten. Ich habe meine Kinder ermutigt, mit ihren

Nöten und Sorgen nicht nur zu uns, sondern auch zu Gott zu gehen. In Sorgenzeiten habe ich mehr mit Gott über meine Kinder gesprochen als mit den Kindern über Gott. Ich habe verstanden, dass jedes eine eigenständige Persönlichkeit mit einem ganz individuellen, von Gott gedachten Weg ist. Wir begleiten sie nur, so gut wir können. Ich bin stolz auf meine Kinder und darauf, dass es ihnen leicht fällt, uns als Eltern zu achten.

Die Autorin (47, Wiesenbad/Erzgebirge) ist Leiterin einer Familienberatungsstelle, Mutter von vier Kindern (10, 13, 22, 25).

Du sollst nicht morden:

MANUEL DIENER

MEIN BRUDER KAIN

Kain ist der erste Mörder in der Geschichte der Menschheit, aber keineswegs der letzte. Doch wie nah verwandt ich mich ihm einmal fühlen würde, ahnte ich bis zu meinem 18. Lebensjahr nicht. In der Auseinandersetzung mit dem Wehrdienst hatte ich mir schon Gedanken zum Thema Töten gemacht. Doch leitete mich dabei mehr humanistisches Gedankengut als Gottes ausdrückliches Gebot. Christlicher Glaube wurde in meiner Familie nicht gerade groß geschrieben. Dennoch, das geplante oder befohlene Töten von Menschen war nicht meine Sache. Warum und wofür auch? Doch dann kam die Nacht, die mein Leben veränderte und Kain zu meinem Bruder machte. Das Unmögliche geschah: Ich brachte meine damalige Freundin um. Den Menschen, den ich meinte, über alles in der Welt zu lieben. Aus reiner Eifersucht. Ich wurde zum Mörder. Was sollte jetzt noch werden? Vor wem und wohin ich auch immer fliehen konnte, mich selbst würde ich stets mitnehmen – mich und mein Gewissen. Mein Leben erschien mir sinnlos und ohne Zukunft. Ich dachte an Selbstmord.

Da griff Gott in mein Leben ein. Ich bitte ihn um Vergebung, beichte die Tat einem Pfarrer und stelle mich der Polizei. Am gleichen Tag werde ich Christ. In einer unbeschreiblichen Art und Weise machte Gott mir deutlich, dass ein Selbstmord nicht die Lösung meiner Probleme wäre. In Jesus Christus bot er mir eine neue Chance an. Ich ergriff sie.

In den folgenden Jahren durfte ich immer wieder Gottes heilende Gegenwart erfahren. Wie sehr er mich liebt und wie wichtig ich ihm bin. Er half mir, die Jahre im Gefängnis zur Berufsausbildung sinnvoll zu nutzen, und ermöglichte mir den Besuch an einem Bibelseminar.

Inzwischen bin ich bei der Gefangenenmission „Schwarzes Kreuz" in Celle angestellt, mit einer liebe- und verständnisvollen Frau verheiratet und Vater von drei Kindern. Kein Zweifel, für mich gilt: „Kein Leben ist so verpfuscht, als dass es durch Jesus Christus nicht völlig neu werden könnte."

Der Autor (36) kommt aus Celle ist Reisesekretär für die Öffentlichkeitsarbeit bei der Gefangenenmission „Schwarzes Kreuz".

Susanna und Bernd Ehren-Meyjohann

Ja zum behinderten Kind

Unser erstes Kind Johannes kam im April 1990 mit Down-Syndrom (mongoloid) auf die Welt. „Vielleicht ist dieses Kind ja so krank, dass es gleich wieder stirbt“, war mein erster abwehrender Gedanke, der mich blitzartig überfiel.

Danach aber kamen andere Gedanken: dass von mir nichts Übermenschliches verlangt wird, dieses Kind jetzt zu lieben; dass Gott dieses Kind liebt, und ich mich nur in diese schon vorhandene Liebe einklinken muss. Bald darauf erlebte ich auch tatsächlich die größte Nähe Gottes zu mir, die ich je erfahren habe. Beim Beten und Nachdenken über die Situation war mir, als ob Gott mich fragte: »Susanna, möchtest du dieses Kind haben?« Selten spürte ich so eine absolute Freiheit in der Entscheidung und ich „sah“ förmlich die Tränen und die Traurigkeit in Gottes Augen. Ich sagte „Ja!“ Das alles geschah in den zweieinhalb Tagen im Krankenhaus.

Die Frage: „Warum gerade wir?“ und nach einer eventuellen eigenen Schuld blieb uns erspart, weil wir wissen durften, dass Gottes Liebe unwandelbar ist (egal was im Leben geschieht) und dass Gott nicht das Down-Syndrom als Strafe oder Prüfung verteilt.

Eine Untersuchung ergab, dass die genetische Abweichung bei uns erblich ist, d. h. jedes weitere Kind wird im vollen Bewusstsein des erhöhten Risikos gezeugt. Da Johannes von uns als

„normales“ Kind angenommen wurde und wir immer viele Kinder haben wollten, sehnten wir uns nach unserem zweiten Kind. Die Voraussetzung für so einen Schritt war dann aber faktisch das volle Ja zu einem weiteren „Down“-Kind, denn Abtreibung kam für uns nie in Frage. Konsequenterweise war von daher für uns auch die pränatale (vorgeburtliche) Diagnostik (Untersuchung) überflüssig. Unsere Tochter Nicola kam im September 1992 auf die Welt und unser Sohn Gabriel im Januar 95.

Wie es uns während der Schwangerschaften ging? Natürlich schauten wir genauer auf die Ultraschallaufnahmen, aber nicht ängstlich, eher mit einer inneren Gefasstheit, worauf wir uns wohl einzustellen hätten – denn unser 100-prozentiges Ja zu einem Down-Kind stand fest, bevor ich schwanger wurde. Das war der springende Punkt! Übrigens: Beide Kinder sind völlig gesund.

Nach Abtreibung wollte ich nicht mehr leben

Ich habe mein Kind abgetrieben. Lange fragte ich mich: Weshalb nur? Doch jetzt war es zu spät. Jetzt war ich ganz allein. Der Mann, mit dem ich viele Jahre befreundet war, hatte mich dazu gedrängt – er wollte kein Kind. Nun hatte auch er mich verlassen. Ich fiel in ein Loch voller Depression. Mich plagten Schuldgefühle. Ich fing an, Alkohol zu trinken. Doch dadurch wurde alles noch schlimmer. Denn betrunken kamen selbstzerstörerische Gedanken in mir hoch. Wie oft ich mich verletzte, mir Schnittwunden zufügte, weiß ich heute – 19 Jahre später – nicht mehr.

Mindestens zwei Mal ging ich dabei knapp am Tode vorbei: Einmal hatte ich die Schlagadern am Handgelenk nur knapp verfehlt. Das andere Mal, an einem Wintertag, wollte ich nur noch schlafen, Ruhe haben von den quälenden Schuldgefühlen. Ich fuhr aufs Land. Mein Wagen blieb im Schnee stecken. Ich war betrunken – zwei oder drei Flaschen eklig süßen Weins hatte ich intus. Den bitteren Geschmack der Schlaftabletten nahm ich nicht mehr wahr. Mir war kalt. Ich stieß die Autotüre auf. Meine Beine versagten. Ich fiel in den Schnee. „Jesus hilf mir, ich kann nicht mehr!“, schrie ich in die weiße Einsamkeit. Dann verlor ich das Bewusstsein.

Als ich aufwachte, spürte ich die warme Hand des Arztes. Wieder einmal war ich davongekommen. Doch gegen den Alkohol hatte ich wieder verloren. Ich hatte keinen Lebensmut mehr. Ich hatte zwar viel von Jesus Christus gehört, aber ich glaubte nicht an ihn. Im Krankenhaus besuchten mich christliche Bekannte. Ein Buch und eine Taschenbibel von ihnen gaben mir neue Kraft. In die Bibel habe ich meinen Entschluss geschrieben, Christus als meinen Heiland anzunehmen. Heute weiß ich, dass er mich mit seinen Engeln immer wieder gerettet hat. Die biblischen Geschichten von Gott als Vater und Freund, die ich als Kind von meiner Mutter gehört hatte, haben für mich wieder Bedeutung bekommen. Diese innere Freude gebe ich im Alltag auch weiter – da reicht oft ein aufmunterndes Lächeln oder Lob. Mein Lieblingsbibelvers lautet: „Kommt her zu mir, alle, die ihr mühselig und beladen seid.“

Die 42-jährige Autorin (Name der Redaktion bekannt) arbeitet als Ergotherapeutin.

Du sollst nicht ehebrechen:

WOLFGANG UND HILDBURG GEIST

NACH LANGER UNTREUE BIN ICH CHRIST GEWORDEN

Von Jugend an spürte ich in mir einen Hang zum Abenteuer. Auf langen Auslandsreisen als Offizier und Kapitän der Handelsmarine häuften sich die Möglichkeiten, der erotischen Variante nachzugeben.
Zunächst überwog noch die Liebe und Sehnsucht nach Frau und Kindem. Proportional zur Entfernung von zuhause verflogen die Gewissensbisse und stieg die Bereitschaft zum Fremdgehen. Als dies meiner Frau bekannt wurde, kam sie in tiefe Depressionen, in Alkohol- und manch andere Probleme, aus der auch Psychiater nicht mehr helfen konnten.

Ich selbst fühlte mich ausgebrannt, leer und – schuldig. Was macht jetzt meine Frau? Sind die Kinder versorgt? Soll ich mich scheiden lassen oder besser noch ins offene Meer springen? Bisher nicht gekannte Gedanken über Gott kamen mir. Ich ging in meiner Schiffskabine auf die Knie und betete: „Ich habe ohne dich gelebt – ich habe mich gegen dich und meine Frau schwer versündigt. Es tut mir sehr Leid, bitte vergib mir. Gibt es einen Weg zurück zu dir? Bitte, hilf mir und meiner Familie!“ Ein unbeschreiblicher Friede kam über mich und neben anderem gab mir Gott in jener Nacht zwei Bibelstellen zu lesen: „Fragt ihr mit eurem ganzen Herzen nach mir, so werde ich mich von euch finden lassen." „Glaube an den Herrn Jesus und du und dein Haus werden gerettet."

Nach einem längeren Prozess wurde alles wahr. Die ganze Familie bekam nach und nach Zugang zu Gott und wir vertrauten unser Leben bewusst Jesus Christus an. Wir erlebten die Gnade, einander von Herzen vergeben zu können. Gott heilte uns, und wir sind heute glücklicher denn je, denn Gott hat unser Leben auf den rechten Kurs gebracht.

Agnes und Ralf Cramer

Warum wir unsere „wilde Ehe" beendeten

Als ich meinen jetzigen Mann kennen lernte, war ich bereits Christ. Er war sehr offen für alles, was ich ihm von einer persönlichen Beziehung zu Jesus erzählte. Da wir über 100 Kilometer entfernt voneinander wohnten, war es für uns selbstverständlich, dass wir am Wochenende in seiner Wohnung zusammenlebten. Nach und nach wuchs bei uns der Wunsch, uns auch körperlich näher zu kommen. Leider konnte uns keiner eine Antwort darauf geben, ob Sexualität vor der Ehe als Christ erlaubt ist oder nicht. Es wurde einfach nicht darüber geredet. Wir machten unsere eigenen Regeln: 1. Wollten wir ja sowieso zusammenbleiben. 2. War ich mit der Ausbildung, Ralf mit dem Studium fertig – wir hätten also ein Kind ernähren können. Dies waren für uns die Voraussetzungen, um verantwortlich Sexualität vor der Ehe haben zu dürfen.

Wir schliefen auch miteinander. Ich habe mich hinterher nie sehr wohl gefühlt – eher schmutzig und leer. Unsere Freundschaft wurde immer flacher. Wir führten kaum noch intensive Gespräche, unternahmen kaum noch etwas, und auch Beziehungen zu Freunden vernachlässigten wir. Immer häufiger haben wir uns gestritten, zur Versöhnung landeten wir wieder im Bett. Dies war ein Teufelskreis.

Damals besuchten wir ein christliches Seminar für verliebte und verlobte Paare. Beim Referat zum Thema „Sexualität als Christ vor der Ehe" hat Gott uns ins Herz getroffen. Wir wussten jetzt, dass Sexualität im Schutzraum Ehe stattfinden soll, dass Gott beides nur so segnen kann. Aber die Sündenerkenntnis ging viel tiefer. Ich hatte meinen Freund noch nie so weinen sehen, wie nach diesem Referat. Er entschied sich, Christ zu werden. Jesus hat uns vergeben, geheilt und uns einen Neuanfang geschenkt.

Wir sind Gott sehr dankbar für das Jahr Freundschaft, das wir vor unserer Ehe noch, ohne Sexualität, leben konnten. Wir haben wieder viele und tiefe Gespräche geführt, vieles gemeinsam unternommen, uns einfach besser kennengelernt. Diese Zeit ist eine wichtige Basis unserer Ehe geworden. Und heute erlebe ich Sexualität viel freier.

Rainer Schubert

Vom Homosexuellen zum Familienvater

Als ich am 21. Mai 1989 Christ wurde, hatte ich 13 Jahre Homosexuellen-Leben hinter mir und lebte noch mit meinem damaligen Freund zusammen. Der Gedanke, jemals eine Frau lieben zu können, geschweige denn Vater zu werden, erzeugte in mir Angst und war unvorstellbar. Zwar wusste ich jetzt durch mein Gewissen, dass ich mein Leben ändern musste, aber der Weg vom Kopf ins Herz ist oftmals ja sehr weit. Schließlich war es die Liebe Jesu, die mein Herz mit nie gekannter Freude anfüllte und mir den Mut gab, einen neuen Weg zu gehen. Dabei halfen mir geduldige Seelsorger, liebevolle Christen und nicht zuletzt auch die Möglichkeit, bei der Offensive Junger Christen (OJC) auf Seelsorger und Männer zu treffen, die auf dem gleichen Weg waren und sind. Rückblickend kann ich sagen, dass Gott meine Entscheidung sehr gesegnet hat. Ich bin glückliche Familienvater und mit einer Frau und zwei Kindern beschenkt worden, die ich von Herzen liebe. Der Weg dahin war nicht immer einfach, aber er hat sich gelohnt! Wo wir an unsere Grenzen stoßen, da beginnen Gottes Möglichkeiten. Heute kann ich aus tiefster Überzeugung sagen: Ich möchte nie wieder in mein altes Leben zurück! Ich empfinde meine Ehe als großes Geschenk, auch wenn unser Leben nicht immer frei von Krisen und Sorgen ist. Aber mit Jesus als Mittelpunkt in unserer Ehe, konnten und können wir in seiner Nachfolge in den Stürmen des Lebens bestehen.

Du sollst nicht stehlen:

Hermann Kupsch

Ein Kaufmann und das 7. Gebot

Martin Luther schreibt im Kleinen Katechismus, dass das Gebot „Du sollst nicht stehlen“ bedeutet, dass „wir unseres Nächsten Geld oder Gut nicht nehmen, noch mit falscher Ware oder Handel an uns bringen sollen“. Als Einzelhandelskaufmann habe ich mich zu fragen: Wer ist für mich der Nächste? Das ist sicher zunächst einmal mein Kunde. Ihm gegenüber bin ich als Christ zu unbedingter Lauterkeit verpflichtet. Das gilt insbesondere für das Gebiet der Werbung, wo mir eine bewusste Irreführung oder Übertreibung versagt ist. Werbung muss immer im Dienst des Verbrauchers stehen. Auch mein Lieferant ist mein Nächster; das bedeutet Fairness im Umgang miteinander. Marktmacht darf nicht zur Erzielung unseriöser Preise missbraucht werden.

Selbst der Konkurrent ist mein Nächster. Der Wettbewerb soll ein Ansporn zu möglichst großer Leistungsfähigkeit sein und nicht zum Vernichtungswettbewerb ausarten. Für mich als Christen ist fairer Wettbewerb nicht eine Floskel, sondern selbstverständlich. Schließlich ist die Gesamtheit einer Volksgemeinschaft mein Nächster. Das bedeutet ganz praktisch: Korrektheit im Umgang mit dem Finanzamt. Geschäfte ohne Rechnung, Steuerhinterziehung, schwarze Konten im Ausland, Versicherungsbetrug, Subventionsschwindel etc. sind für mich keine Kavaliersdelikte, sondern Missachtung von Gottes Geboten.

Und ein Blick in die Zukunft: Auch unsere Kinder und Enkel sind im Sinne Luthers für mich Nächste. Das heißt, dass wir mit den Rohstoffen dieser Welt sorgfältig umgehen, jede Verschwendung vermeiden, dass wir die Verpflichtung für die Erhaltung einer lebenswerten Umwelt ernst nehmen. Tun wir das nicht, so stehlen wir der nachkommenden Generation ihre Lebensgrundlagen. Darum sind in meinem Unternehmen Umweltfragen Chefsache, und ich freue mich, dass wir für vorbildliches Umweltverhalten schon Preise bekommen haben. Für alle aufgezeigten Punkte gilt, dass ich als Christ in einer oft nicht mehr nach ethischen Grundsätzen fragenden Wirtschaft und Gesellschaft Vorbildfunktion ausübe.

Der Autor (Würzburg) ist Aufsichtsratsvorsitzender einer Lebensmittelkette im Frankenland mit etwa 1.200 Mitarbeitern, Altpräses des CVJM-Gesamtverbandes und Ehrenvorsitzender des Verbandes „Christen in der Wirtschaft" (VCK).

Du sollst nicht lügen:

FRANK ULRICH

EHRLICH WÄHRT …

Mein Bauingenieurstudium auf einer Fachhochschule war abgeschlossen. Zum 1.1.1995 begann mein Berufsleben bei einer Baufirma. Es fiel zusammen mit einem Konjunkturloch in der Bauindustrie. Die guten Geschäftsergebnisse des Vorjahres waren schnell vergessen. Es dauerte nicht lange, bis ich dahinter kam, auf welche Weise die Firma versuchte, in dieser Situation zu überleben. Die Aufträge waren oft so weit unter Preis kalkuliert, dass nur das Vortäuschen von durchgeführten Arbeiten den Auftrag retten konnte. Als Bauleiter sollte es meine Aufgabe sein, durch solche Methoden Gewinn zu erzielen. Dazu kam das Rühmen der anderen Kollegen, wenn sie es wieder einmal geschafft hatten, den Bauherrn zu betrüben. Mir als Christ bereitete diese Situation großes Unbehagen. Ich ging zu meinem Vorgesetzten. Ich erklärte ihm, dass ich als Christ durch ehrliche Arbeit mein Geld verdienen möchte. Er versuchte, die Vorgänge zu verharmlosen und nahm mich nicht ernst. Im Gespräch mit meinem Zweigstellenleiter kamen wir immer wieder auf dieses Thema. Es war ein Freitag. Auch ihm erklärte ich, dass für mich als Christ diese Vorgänge nicht durchführbar seien. Er machte sich zum Teil über mich lustig. Am Montag darauf kam die Antwort. Ich wurde vor leitende Mitarbeiter geladen und bekam meine Kündigung präsentiert. Ich wäre wohl ein guter Ingenieur, aber für diese Art von Arbeit nicht fähig. Mein Zeugnis von der Firma fiel dementsprechend aus. Ich musste dagegen Einspruch einlegen. Gott hat mich in diesem Tief nicht im Stich gelassen. Er hat dafür gesorgt, dass ich heute einen guten und sicheren Arbeitsplatz habe und dass ich mit meiner Familie nie Mangel leiden musste.

Du sollst nicht begehren

RAINER HOUBEN

DAS GRÖßTE ERLEBNIS: NACH EHEBRUCH EINE GUTE EHE

Es war vor 27 Jahren. Meine Frau Elke und ich feierten mit einem jung verheirateten Ehepaar, H. und ihr Mann, Karneval. Wir waren vier Jahre verheiratet. Durch meinen Familienhintergrund, Eltern geschieden, danach Haushälterin, Kinderheim, Stiefmutter, hatte ich ein großes Liebesdefizit. Unbewusst hoffte ich, diesen Mangel durch meine Ehe auszufüllen. Doch durch die Geburt unseres Sohnes zwei Jahre zuvor war ich plötzlich nicht mehr Nummer 1. In dieser Situation signalisierte mir H., dass sie mehr von mir wollte. Ich fühlte mich geschmeichelt und ging darauf gerne ein. Wir hatten miteinander geschlafen und waren nicht gewillt, unser Verhältnis zu beenden. Natürlich hatte ich Gewissensbisse, was meine Familie und die Ehe von H. betraf, aber meine egoistischen Wünsche waren stärker, zumal H. mir beteuerte, ich sei ihre große Liebe. Wir versuchten, unseren Ehepartnern zu erklären, dass unsere bisherige Ehe ein Irrtum war. Daraufhin stellte mich meine Frau vor die Entscheidung zwischen ihr oder H. Halbherzig entschied ich mich für meine Familie. Da ich insgeheim immer noch den Wunsch hatte, mit H. zusammen zu sein, schlug ich einen gemeinsamen Wochenendausflug nach Paris vor. Meiner Frau platzte endgültig der Kragen. Ich beendete schweren Herzens meine Affäre. Dass meine Frau kurz darauf wieder schwanger wurde, half mir dabei, mich wieder schneller in die Eheordnung einzufinden. Doch unsere Ehe blieb problematisch, besonders was meine außerehelichen sexuellen Kontakte betraf. Ich hatte während der Affäre mit H. und auch später kein Schuldbewusstsein und war nur mit der Befriedigung meiner Lust beschäftigt.

Als meine Frau Jahre später Christ wurde, konfrontierte mich Gott durch sie mit meiner Schuld. Zwei Jahre dauerte dieser Prozess. Sie lernte Jesus Christus kennen und lieben und wurde in meinen Augen immer frommer und „besser" und gleichzeitig für mich immer unattraktiver. Damals hatte ich wieder eine „große Liebe". Meine Frau konfrontierte mich immer öfter mit den Wahrheiten der Bibel – auch bezüglich der Hurer und Ehebrecher. Im wahrsten Sinne des Wortes entbrannte ein Kampf zwischen Licht und Finsternis. Alles gipfelte darin, dass ich die Scheidung mit dem Scheidungsgrund »religiöser Wahn« einreichte. Gott machte diesem

Irrsinn ein Ende, indem er mich durch einen christlichen Film tief im Herzen traf. Plötzlich wusste ich: Meine Frau hat Recht. Jesus lebt, und die Bibel ist die Wahrheit. Unter meiner Schuld brach ich zusammen.

Es war das größte Erlebnis meines Lebens, zu erfahren, dass Gott mir meine Schuld vergeben hat. In der Folgezeit heilte er unsere Ehe, indem er meine unheilvolle Persönlichkeit erneuerte, alle Verletzungen heilte. Immer wieder bat ich meine Frau um Vergebung, und Gott befähigte sie, mir von ganzem Herzen die Schuld zu erlassen. Gott hat unser Leben heil und reich gemacht. Ich bin glücklich mit meiner Frau, und weiß, dass das Befolgen der Gebote Gottes Segen und Leben bedeutet.

Die Bibel – ein Buch des Widerstandes

Viele der abgedruckten Lebensberichte berühren den persönlichen Bereich. Sie zeigen, wie die Missachtung der Gebote Gottes Lebensqualität beschneiden und wie ein Ernstnehmen dieser Werte zu einem sinnvollen Leben führt. Doch auch im öffentlichen Bereich brauchen wir Werte. Gerade dort wird ein dramatischer Werteverlust sichtbar. Ulrich Wickert, Redakteur der „Tagesthemen" schreibt: *„Politiker handeln nicht mehr nach ethischen Maßstäben, sondern mit Blick auf die Macht, Medienpräsenz oder gar Eigennutz. Parteien zweckentfremden Steuergelder. Betrug ist so alltäglich, dass der Ehrliche sich fragen muss, ob er nicht der Dumme ist."* Betrug und Korruption auf höchster Ebene nehmen zu, auch in Deutschland. Skandale und Vertuschungsaktionen sind an der Tagesordnung. Diejenigen, die es wagen, Missstände aufzudecken, stoßen auf eine Mauer des Schweigens oder werden als „religiöse Fanatiker" beschimpft. So ist es dem holländischen EU-Finanzbeamten Paul van Buitenen ergangen. Er deckt den größten Betrugs- und Korruptionsskandal in der Geschichte der Europäischen Union auf.

Als evangelikale Christen vertreten wir die Trennung von Staat und Kirche. Jesus hat gesagt: *„Mein Reich ist nicht von dieser Welt."* Diese und andere Aussagen führen zu einer „liberalen Staatsauffassung": Staat und Gemeinde sind zu unterscheiden. Das ist einer der großen Unterschiede zwischen dem Islam und dem Christentum (auch wenn dies dort nicht immer konsequent angewandt wurde!).

Dennoch darf die Politik nicht jenseits aller Werte agieren. Auch – und gerade – die Regierenden sind vor Gott verantwortlich. Er steht über ihnen. Er gibt das Werte-Paradigma vor. Bernhard Vogel schreibt in „Die Politische Meinung" im Januar 2002: *„Ohne religiöse Rükkbindung bleibt auch der Staat ein letztlich machtloser Normengeber."*

Der französische Philosoph Bernard-Henri Lévy stellt in seinem Buch „Das Testament Gottes" sogar die These auf, *„dass die Verfasser der Heiligen Schrift auch die Erfinder des modernen Begriffes des Widerstandes sind".* Die Bibel widersteht jeglicher politischen Willkür und menschlichen Gewaltherrschaft. Die Herrschenden unterstehen denselben Werten wie die einfachen Bürger.

Das Amt des Politikers ist jedoch nicht leicht. Er steht in der Öffentlichkeit wie kaum ein anderer und ist dabei genauso ein fehlbarer Mensch wie jeder andere Bürger auch. Politiker haben eine große Verantwortung – nicht nur vor Menschen, sondern auch vor Gott. Vielleicht schreibt Paulus deswegen: *„Das Erste und Wichtigste, wozu ich die Gemeinde aufrufe, ist das Gebet, und zwar für alle Menschen. Bringt Bitten und Fürbitten und Dank für sie alle vor Gott! Betet für die Regierenden und für alle, die Gewalt haben"* (1. Timotheus 2,1f.). Politiker brauchen die Fürbitte – vielleicht mehr als alle anderen Menschen.

Die folgenden Artikel zeigen auf, wie wichtig christliche Werte im öffentlichen Leben sind.

ideaSpektrum 28/2001 vom 11. Juli

Unter Bestechung leiden am meisten die Armen

Unternehmen und Kirchen sollen mehr gegen Korruption tun: Über 100 Mrd. Dollar Schaden

Unternehmen und Kirchen sollen sich stärker bei der weltweiten Bekämpfung der Korruption engagieren. Dazu ruft der Vorsitzende von „Transparency International Deutschland“, Michael Wiehen (Berlin), auf. Die Organisation erstellt unter anderem einen Index, der wiedergibt, wie die Verbreitung von Korruption im öffentlichen Dienst und unter Politikern in einem Land eingeschätzt wird. Wiehen widerspricht der Behauptung, dass Korruption in Ländern Asiens, Afrikas und Lateinamerikas zur „Kultur“ gehöre. Bestechung und Bestechlichkeit seien nirgendwo Teil einer „Kultur“. Auch die Gastfreundschaft und großzügigen Gastgeschenke in vielen Ländern der Dritten Welt seien mit Korruption nicht gleichzusetzen. Bestechung geschehe immer im Dunkeln. Empfänger und Geber hätten Systeme entwickelt, um Zahlungen vor Staatsanwälten und Steuerbeamten zu verstecken.

Bauen durch Korruption bis zu 15% teurer

Geschädigt würden in erster Linie die Steuerzahler und die Ärmsten der Armen, weil in Entwicklungsländern notwendige soziale Programme wegen der Überteuerung nicht finanziert werden könnten. Man schätze, so Wiehen, dass in Deutschland öffentliche Bauvorhaben durch Bestechung im

Durchschnitt um 12 bis 15% verteuert würden. Den weltweiten Schaden durch Korruption habe die Weltbank auf bis zu 220 Milliarden Mark pro Jahr beziffert. Es gehe aber nicht nur um wirtschaftliche Verluste: „Korruption wirkt demoralisierend, sie untergräbt den Respekt vor dem Staat, sie trifft vorwiegend die ärmsten Schichten der Bevölkerung und hat in vielen Ländern der organisierten Kriminalität die Tür geöffnet.“

Ohne Schmiergeld nicht ins Krankenhaus?

Wiehen wendet sich dagegen, Schmiergeldzahlungen in Entwicklungsländern zu tolerieren, weil man so die Arbeit von Behörden beschleunigen könne. „Wie wird die Mutter eines

Die 20 am wenigsten korrupten Länder der Erde

	1996	2001
1	Neuseeland	Finnland
2	Dänemark	Dänemark
3	Schweden	Neuseeland
4	Finnland	Island / Singapur
5	Kanada	
6	Norwegen	Schweden
7	Singapur	Kanada
8	**Schweiz**	Niederlande
9	Niederlande	Luxemburg
10	Australien	Norwegen
11	Irland	Australien
12	Großbritannien	**Schweiz**
13	**Deutschland**	Großbritannien
14	Israel	Hong Kong
15	USA	Österreich
16	Österreich	Israel / USA
17	Japan	
18	Hong Kong	Chile / Irland
19	Frankreich	
20	Belgien	**Deutschland**

kranken Kindes in Bangladesch darüber denken, wenn sie ihr Kind ohne Zahlung eines Schmiergeldes nicht ins Krankenhaus bringen kann?" Dass Korruption in vielen Ländern ein allgegenwärtiges Phänomen sei – auch in Europa und Deutschland –, ändere nichts daran, dass die große Mehrheit der Bevölkerung sie verabscheue. Überall seien Bestechung und Bestechlichkeit im eigenen Land strafbar.

Prävention ist auch für Kirchen wichtig

Korruptionsvorbeugung liegt laut Wiehen im Eigeninteresse der Unternehmen. Mitarbeiter, die ermuntert würden zu bestechen, kämen sehr schnell in Versuchung, auch im eigenen Betrieb in die eigene Tasche zu wirtschaften. Außerdem setzten sich Unternehmen, die bestechen, weiteren kriminellen Forderungen aus. „Kirchen", so Wiehen, „sollten sich ebenfalls einem solchen Prozess unterwerfen." Wirksame Verhaltensleitlinien müssten u.a. detaillierte Regelungen für Reisekosten, Geschenke, Einladungen zu Mahlzeiten, Übernachtungen, Freiflüge und Schulungsreisen enthalten.

Schweiz: Verhaltenskodex für Hilfswerke

In der Schweiz ist bereits ein derartiger Verhaltenskodex für Kirchenprojekte, etwa des Hilfswerks „Brot für alle", entwickelt worden. Wie Christoph Stückelberger im Blatt der Vereinten Evangelischen Mission schreibt, seien gewiss die meisten der von evangelischen Hilfswerken und Missionen unterstützten Entwicklungsprojekte korruptionsfrei, aber die Minderheit schwäche das Image der Entwicklungsarbeit empfindlich. Er schlägt ein „Ökumenisches Programm zur Korruptionsbekämpfung" unter Federführung des Weltkirchenrates vor. Für Kirchen und ihre Hilfswerke gebe es viele Möglichkeiten. Dazu gehöre die Erarbeitung biblisch-theologischer Arbeitshilfen, die Unterzeichnung eines Verhaltenskodex und Antikorruptionskampagnen ebenso wie öffentliche Erklärungen gegen die Korruption im eigenen Land.

ideaSpektrum 42/1999 vom 19. Oktober

Von Eckhard Nickig

Er stürzte die EU-Regierung

Er ist einer der bekanntesten Männer in Europa und – was bisher kaum jemand wußte: Christ

In den vergangenen Monaten wurde er zu einem der bekanntesten Männer in Europa, doch kaum jemand wusste bisher, dass er ein engagierter evangelischer Christ ist: Paul van Buitenen, niederländischer EU-Finanzbeamter.
Ihm ist es zu verdanken, dass der größte Betrugs- und Korruptionsskandal in der Geschichte der Europäischen Union aufgedeckt wurde. Infolge seiner Recherchen musste im März 1999 die gesamte 20-köpfige EU-Kommission, eine Art europäische Regierung, zurücktreten. Auf der Frankfurter Buchmesse letzte Woche stellte der 42-jährige sein Buch mit dem Titel „Unbestechlich für Europa" vor, in dem er seine Geschichte und die Missstände bei der EU-Kommission beschreibt. Es ist die Geschichte eines Christen, der bei seiner Arbeit als Wirtschaftsprüferassistent bei der EU in immer größere Gewissensnot kam und schließlich keinen anderen Ausweg mehr sah, als sein Wissen zu veröffentlichen. Sein christlicher Glaube war die entscheidende Motivation, um die ihn zermürbende Aufdeckung des Skandals auf sich zu nehmen. „Ich glaube, dass es das alles nicht gegeben hätte, wenn ich nicht Christ geworden wäre", sagt van Buitenen im Rückblick.

Seine Geschichte: Am 9. Dezember 1998 übergab er dem Europaparlament einen 34-seitigen Bericht über ein unglaubliches Geflecht von Betrug, Korruption und Misswirtschaft innerhalb der EU-Kommission. Der Bericht enthielt vertrauliche Informationen, die der Schweigepflicht unterlagen, doch van Buitenen konnte nicht mehr schweigen. Seinen Bericht schloss er mit den Worten, dass er es als „loyaler Beamter, Rechnungsprüfer und Christ" für seine Pflicht halte, die Missstände aufzudecken. Dieser Satz trug ihm von der besonders belasteten französischen Kommissarin Edith Cresson den Vorwurf ein, er sei ein „religiöser Fanatiker". Dabei ist der Niederländer alles andere als das. Immer wieder hat er Kollegen und Vorgesetzten die Chance gegeben, Fehler zu bereinigen. Der Rücktritt der EU-Kommission war keineswegs sein Ziel.

Van Buitenens Christsein ist eine Geschichte mit Höhen und Tiefen. Er ist katholisch getauft, hat sich später von der Kir-

Ehrlich und unbestechlich: Paul van Buitenen während der Frankfurter Buchmesse bei der Vorstellung seines im Brunnen-Verlag erschienenen Buches.

che abgewandt und ist sogar aus ihr ausgetreten. Seine Kinder, die heute 14 und 15jährigen Söhne Stan und Bart, sind nicht getauft. Van Buitenen wollte konsequent sein: „Wenn ich an etwas glaube, dann richtig“, sagt der Niederländer. Vor etwa vier Jahren kam dieser „richtige Glaube“ zu ihm. In seinem Buch schildert er, wie er sich zunächst einer Kollegin gegenüber abfällig über Christen äußerte. Sie schwieg dazu. Nach einiger Zeit erfuhr er, dass diese Kollegin Christin war und wurde neugierig. Er beobachtete sie und merkte, dass sie ihren Glauben auch im Alltag lebte und vor jeder wichtigen Entscheidung zuerst betete. Buitenen schreibt: “Das fesselte mich, und ich wollte unbedingt herausfinden, wie jemand solches Tun erklärte. Ich stellte unzählige Fragen und machte es ihr nicht einfach.“ Von nun an beschäftigte er sich immer mehr mit dem christlichen Glauben und fing an, in der Bibel zu lesen.

Nach einem halben Jahr erlebte er „eine Art Wiedergeburt“. Nach diesem Erlebnis wurde er zunächst „viel zu überschwenglich“. Mit seinem missionarischen Eifer verprellte er Kollegen und Ehefrau. Danach kam „ein Rückfall bis zum Boden“, seine Ehe kriselte. Van Buitenen fing neu an und lernte, Andersgläubige zu respektieren. „Ich verstecke meinen Glauben nicht“, sagt er heute, „doch ich kann gelassener damit umgehen, dass andere ihn nicht teilen.“ Seine Ehefrau teilt seinen Glauben bis jetzt nicht, doch van Buitenen erzählt lächelnd, wie sie manchmal zu ihm sagt, wenn er zu unruhig wird: „Paul, vielleicht wäre es besser, wenn du in die Kirche gehst. Du bist dann ruhiger.“

Leben im „goldenen Käfig“

Seit 1990 arbeitete van Buitenen in der Finanzverwaltung der Kommission. Er verdiente gut, die Familie konnte von einem Reihenhaus in Rotterdam in eine Villa bei Brüssel umziehen. Die Brüsseler Beamten leben in einem „goldenen Käfig“. Allmählich fielen van Buitenen immer mehr Unregelmäßigkeiten bei Abrechnungen auf. Er versuchte, Fehler aufzuklären und seine Vorgesetzten zu informieren. Er stieß auf eine Mauer des Schweigens. Man gab ihm zu verstehen, dass er besser nicht zu viele Fragen stellen solle. Van Buitenen stürzte in einen Zwiespalt. Soll er betrügerische Kollegen und Vorgesetzte anschwärzen? Van Buitenen sammelte täglich bis spät in die Nacht Informationen, studierte Akten und stellte Berichte zusammen. Für das Familienleben blieb kaum noch Zeit. Kollegen die ihn zunächst wegen seines Gerechtigkeitsgefühls belächelt hatten, schoben ihm weitere Informationen zu, meist anonym.

Haarsträubende Manipulationen

Was er herausfand, war haarsträubend: Ausschreibungsbedingungen und Abrechnungen wurden manipuliert. Externe Berater verdienten mit belanglosen Gutachten Millionen. Die

Ehefrau eines Projektdirektors fing als Sekretärin mit einem Monatsgealt von 4.000 DM an. Schon nach zwei Jahren war sie Abteilungsleiterin und verdiente 11.000 DM. Irgendwann konnte van Buitenen nicht mehr damit leben, dass trotz seiner Entdeckungen nichts passierte. Er beschloss, das Parlament zu informieren. Immer wieder hinterfragte er seine Motive, las täglich während dieser Zeit in der Apostelgeschichte. Vor der endgültigen Entscheidung führte er ein langes Gespräch mit einem Pastor seiner Anglikanischen Gemeinde in Brüssel. Sie beteten zusammen, der Geistliche prüfte die Motive van Buitenens und riet ihm zum geplanten Schritt. Nach der Übergabe des Berichts an das Parlament brach ein Sturm los. Van Buitenen wurde vom Dienst suspendiert, sein Gehalt um die Hälfte gekürzt. Es begann ein Medienrummel ohnegleichen. Die bedrängten EU-Kommissare erhoben Beschuldigungen gegen van Buitenen. Das brachte seine Familie an den Rand des Zusammenbruchs. Monatelang wurde sein Haus von Journalisten belagert. Doch van Buitenen war auf die Medien angewiesen. Ohne ihre Unterstützung wäre er „zermalmt" worden, wie er später sagte. Seine Ehefrau Edith war verzweifelt. Doch es gab auch viel Zuspruch. In ihrem Tagebuch notierte Frau van Buitenen über eine Anruferin: „Sie war eine von den vielen, die schrieben, anriefen oder sagten, dass sie für uns beten würden. Diese Menschen hielten uns aufrecht." Nachdem eine Kommission von fünf „Weisen" Buitenens Bericht in der Sache bestätigt hatte, wurde die Suspendierung vom Dienst auf öffentlichen Druck aufgehoben. Doch van Buitenen wurde in die Gebäudeverwaltung „strafversetzt" und hoffte auf eine neue Anstellung in der Verwaltung des Europaparlaments.

Vor der Entscheidung: „Ich fiel auf die Knie und betete"

Gerade wenn man im Leben an Kreuzungen steht, hält es van Buitenen für unerlässlich, in der Bibel zu lesen und zu beten. Ein Tag einer solchen schweren Entscheidung war der 8. Oktober dieses Jahres. Die EU-Kommission hatte van Buitenen wegen der angekündigten Buchveröffentlichung mit Entlassung und gerichtlicher Klage gedroht. Man wollte die Veröffentlichung unbedingt verhindern. Van Buitenen musste entscheiden, ob er das Buch noch stoppen soll. Er geriet in Hektik, begann zu zweifeln. Da rief ein Freund an und gab ihm den Rat: „Paul, hast du schon einmal daran gedacht zu beten?“ Daraufhin schaltete van Buitenen alle Geräte aus und zog das Telefonkabel heraus. Er kniete nieder und betete. Danach traf er in aller Ruhe seine Entscheidung. Das Buch erschien.

Alle mussten zurücktreten: (von vorn – Mitte – im Uhrzeigersinn, in Klammern die Länderabkürzungen) Mario Monti (I), Anita Gradin (S), Hans van den Broek (NL), Leon Brittan (GB), Manuel Marin Gonzales (E), Karel van Miert (B), Pádraig Flynn (IR), Ritt Bjerregaard (DK), Franz Fischler (A), Erkki Liikanen (FIN), Neil Kinnock (GB), Édith Cresson (F), Joao de Deus Pinheiro (P), Martin Bangemann (D), Präsident Jacques Santer (L), Generalsekretär Williamson, Marcelino Oreja Aquirre (E), Monika Wulf-Mathies (D), Emma Bonino (I), Christos Papoutsis (GR), und Yves-Thibault de Silguy (F).

In seiner niederländischen Heimat ist van Buitenen inzwischen eine Art Volksheld. Er wird als „Whistleblower" verehrt, was soviel heißt wie Mahner, Aufdecker, Glöckner, jemand, der die Alarmglocke betätigt. Die erste Auflage des Buches (10.000 Exemplare) war am Erscheinungstag ausverkauft. Unterstützt wurde er von den drei evangelikalen Parteien in Holland mit einer Unterschriftensammlung. Ein Angebot, bei der Europawahl 1999 für einen Sitz im EU-Parlament zu kandidieren hat van Buitenen – passives Mitglied der „Grünen" – ausgeschlagen, denn „das hätte mich unglaubwürdig gemacht". Für die nächste Europawahl im Jahr 2004 schließt er eine Kandidatur allerdings nicht aus.

Christen, die „Salz" sind

Christen haben immer wieder eine wichtige Rolle bei der Aufdeckung von Skandalen gespielt. Ein Christ deckte vor zwei Jahren die „Nazi-Gold-Affäre" der Schweizer Banken auf. Der Christ Bernard Connorly, Abteilungsleiter bei der EU-Kommission, veröffentlichte 1995 ein Buch mit dem Titel „Das korrupte Herz Europas". Er wurde daraufhin sofort entlassen. Was rät van Buitenen Christen, die sich in einer ähnlichen Position als „Glöckner" befinden wie er? Sie sollten sehr vorsichtig sein, sorgfältig über ihr Handeln nachdenken und nicht zu schnell glauben, Gott habe sie geschickt.

So allein wie Paul van Buitenen müssen sich die Aufdecker von Skandalen nicht mehr fühlen. Verlagsmitarbeiter in den Niederlanden haben eine Stiftung gegründet, die „Whistleblower" in ganz Europa unterstützen soll. Ein Teil der Bucherlöse kommt diesem Zweck zugute. Der Fall van Buitenen macht deutlich: Christen können wirklich „Salz der Erde" und ein Segen sein, wenn sie sich in Beruf und Alltag um Wahrhaftigkeit bemühen und immer wieder Gott im Gebet um Rat fragen. Wer sich im Gebet getragen weiß, kann die Kraft gewinnen, die Welt zu verbessern.

IST DER MENSCH GUT?

Die erfolgreiche Internetseite „eBay" versteht sich als größte Online-Handelsgemeinschaft der Welt. Auf den Seiten von eBay kann man Produkte versteigern, ersteigern, anbieten oder verkaufen. Jeder kann Mitglied werden.

Damit das ganze System funktioniert, hat eBay sich Grundsätze gegeben, die für alle Mitglieder verbindlich sein sollen. Der erste Grundsatz lautet: „Wir glauben, dass die Menschen gut sind."

Diese Aussage wird heute von einer großen Mehrheit bejaht. Doch stimmt dieser Satz? Wenn es stimmt, dass die Menschen gut sind, dann bräuchten wir doch keine Gesetze und Werte, denn jeder täte ja, was gut ist. Wenn wir mit offenen Augen betrachten, was in der Welt geschieht, dann fällt es schwer daran zu glauben, dass der Mensch gut ist. Und das ist der Punkt: die Aussage „Der Mensch ist gut" ist eine Glaubensaussage, typisch für das Humanistische Werte-System.

Der Humanismus stellt den Menschen an die höchste Stelle. Im Humanistischen Werte-System wird der Wert „Menschlichkeit" allen anderen Werten übergeordnet. Erst danach (oder daraus) folgen Freiheit, Aufklärung, Mündigkeit, Demokratie, Gerechtigkeit, Frieden, Verbundenheit. „An der Spitze steht die Menschlichkeit. Wohlgemerkt nicht der Mensch als ‚Krone der Schöpfung', sondern allein seine guten Eigenschaften, sein positives Verhalten, seine verantwortliche Gesinnung als Ideal und

Möglichkeit", so schreibt Rudolf Kuhr (http://home.t-online.de/home/humanist.aktion/werte.htm).

Beim Christlichen Glauben steht Gott an höchster Stelle. Liebe zu Gott wird als vorrangiger Wert gesehen, die Liebe zum Nächsten dem aber gleichgestellt.

Als Jesus gefragt wird, welches das größte und wichtigste Gebot sei, antwortet er:
„Du sollst den Herrn, deinen Gott, lieben mit deinem ganzen Herzen und mit deiner ganzen Seele und mit deinem ganzen Verstand." Dies ist das größte und erste Gebot. Das zweite aber ist ihm gleich: „Du sollst deinen Nächsten lieben wie dich selbst." An diesen zwei Geboten hängt das ganze Gesetz und die Propheten (Matthäus 22,37-40).

Die Reihenfolge ist entscheidend: Die Liebe zu Gott wird der Liebe zum Menschen vorgeordnet, wenn auch dann gleichgestellt. So wird Gott sozusagen Garant für wahre Humanität. Der Mensch wurde im Bilde Gottes geschaffen, das gibt ihm eine ungeheure Würde. Er ist Gott ähnlich (1. Mose 1,26), aber er ist nicht Gott. Der Versuch, Gott ebenbürtig sein zu wollen in Bezug auf seine Allmacht und seinen Autoritätsanspruch, ist eine der Ursünden des Menschen.

Doch noch etwas lässt uns davor zurückschrecken zu sagen „Wir glauben dass die Menschen gut sind!" Wenn wir die Realität beobachten fällt uns diese Aussage schwer, denn davon ist nicht viel zu sehen. Zwar blendet auch der Humanismus das Böse nicht aus, er unterstellt aber optimistisch dem Guten und der Vernunft eine stärkere Zugkraft als dem Bösen. Dafür hat er eigentlich keine Grundlage, dieser Optimismus ist also einfach ein Glaube – an das Gute im Menschen. Wie kam es, dass der Mensch, der im Bilde Gottes geschaffen wurde und das Prädikat „sehr gut" trug, so wurde, wie er ist? (1. Mose 1,31). Die Bibel sagt uns, dass sich der Mensch von Gott und seinem Gebot abgewandt hat. Der Mensch wurde zwar perfekt geschaffen, im Sündenfall (nachzulesen in 1. Mose 3) ist jedoch etwas zerbrochen.

Die heile Beziehung zu Gott war für sein Menschsein (seine Humanität) konstituierend. So ist nicht nur die Beziehung des Menschen zu Gott zerbrochen, sondern auch die Beziehung des Menschen zu seinem Nächsten (Scham und Schuldzuweisung – 1. Mose 3,7.12), zu sich selber (der Mensch versteckt sich und fürchtet sich – 1. Mose 3,8.10). Und schließlich wird auch die Natur mit einbezogen (die Verfluchung des Erdbodens, der Mensch wird aus dem Paradies vertrieben – 1. Mose 3,17ff. 24, Römer 8,19ff.). Seitdem ist der Mensch nicht mehr gut. Paulus schreibt im Römerbrief über den Menschen ganz allgemein: *„Da ist keiner, der Gutes tut, da ist auch nicht einer"* (Römer3,12). Weil das so ist, muss Gott den Menschen (vor sich selber) schützen. Er gibt durch seine Gebote eine Notverordnung. Das ist Zeichen seiner Gnade, denn sie hilft das Böse einzudämmen (nicht abzuschaffen). Diese Gebote werden von Gott autonom festgelegt. Er stellt sich – mit seiner ganzen Autorität – hinter diese Werte.

Im Humanismus versucht der Mensch diese Werte aus sich selbst heraus zu entwickeln. Der christliche Glaube sieht diese Werte als von Gott gegeben an. Welche Konsequenzen hat dieser Unterschied? Das Konzept des Humanismus scheitert an dem Anspruch jedes Menschen, für sich selbst Maßstäbe zu setzen. Denn dies führt unweigerlich zur Auseinandersetzung: Die Maßstäbe, die die einzelnen erkennen, sind nie völlig dekkungsgleich. Jeder würde seine Maßstäbe gegenüber anderen durchsetzen müssen oder so isoliert leben, dass sich keine Konflikte ergeben. Auch ein allgemeines Prinzip wie etwa dem der »Menschlichkeit« oder »Menschenwürde«, an dem sich alle orientieren, müsste erst einmal einheitlich definiert werden. Schon da würden Unterschiede und zwangsläufig auch Auseinandersetzungen zu Tage treten (Kampf der Kulturen). Und dazu kommt noch, dass es dem Menschen, der auf personale Beziehung und Bindung angelegt ist, schwer fällt, sich einem abstrakten Prinzip zu unterwerfen, das immer wieder neu definiert werden muss.

Dient es dem Menschen nicht eher, eine übergeordnete personale Autorität – Gott – anzuerkennen, der man sich in Ehrfurcht und Liebe unterordnet und deren Maßstäbe und Werte man übernimmt und danach lebt? Das lehrt jedenfalls der christliche Glaube und bietet damit das beste, auf die reale Situation des Menschen zugeschnittene Konzept.
Laut der Shell-Jugendstudie 2000 stehen heute folgende Werte am höchsten im Kurs: Menschlichkeit, Modernität, Attraktivität (insbesondere materieller Erfolg), Authentizität und Autonomie. Ob diese Werte tatsächlich eine Grundlage zur Gestaltung für eine freie und lebenswerte Gesellschaft sein können, ist fraglich. Dahinter steckt jedoch eine tiefer Sehnsucht nach Sicherheit.

Wertewandel bedeutet: „neue Werte" lösen die „alten Werte" ab. Damit verändert sich auch das Empfinden für Schuld. Wann bei wem heute das Gewissen schlägt, ist sehr unterschiedlich. Der Artikel „Gewissen mit Hornhaut" erklärt, warum unser Gewissen immer mehr abstumpft, und wie wir es wieder auf die richtigen Werte eichen können.

PROF. DR. KLAUS W. MÜLLER

GEWISSEN MIT HORNHAUT

Wertezerfall in Gesellschaft und Gemeinde

Autsch! – Schon mal Gewissensbisse gehabt? Wie?! Schon lange nicht mehr? Mann, echt beneidenswert. Na ja, warum sollte es auch beißen, das Gewissen? Es findet keinen Grund mehr. Ist ja alles erlaubt. Eine kleine Notlüge ist wirklich kein Vergehen. Tut ja keinem weh. Und auf der Arbeit ein paar Werkzeuge mitgehen lassen, juckt niemanden. Mit der Freundin ins Bett gehen? Wieso sollte das falsch sein? Tut doch jeder. Keine Gewissensbisse mehr; ein Zeichen, dass ich nichts falsch mache? Oder ein Zeichen, dass das Gewissen aufgehört hat zu empfinden, wie Gott es möchte? Abgestumpft durch den Wertezerfall um mich herum und in mir?
„Ich bin schwul – und das ist auch gut so!" Locker lässig äußert der zur Zeit regierende Bürgermeister von Berlin Wowereit diesen Satz vor laufender Kamera. Für alle Welt. Offensichtlich braucht er mit seinem Bekenntnis nicht um Wählerstimmen in der Hauptstadt und um Unterstützung seiner Partei(en) zu bangen.
Gute Werbung zieht! Das Wahrzeichen des diesjährigen evangelischen Kirchentags – eine aufgeblasene nackte Figur, die imitierte Christusfigur von Rio de Janeiro – wird lediglich von einem katholischen Geistlichen als „geschmacklos" bezeichnet. Die evangelischen Kirchenvertreter fanden das Symbol werbeträchtig.
Das ist normal heute! Eine junge Frau, die sich als Christ

bekennt, lebt seit zwei Jahren mit ihrem Freund zusammen. Jetzt wollen die beiden Hochzeit feiern. Auf die Frage nach ihrem bisherigen Verhalten – nach längerer Diskussion über biblische Argumente und dann Rücksprache mit ihrem Freund – stellt sie lapidar fest, sie könne nicht erkennen, dass sie falsch gehandelt hätten. Es fand sich schnell ein Pfarrer, der sie traute, ohne weitere Fragen zu stellen.

Seitensprung? Mach´s mit! In meinem Freundeskreis verließ ein Prediger des Evangeliums und Vater erwachsener Kinder, seine Frau, um mit einer anderen verheirateten Frau aus einer seiner Gemeinden zu leben.

Wertloses Leben

Es fällt nicht schwer, Beispiele für den Werteverfall in Gesellschaft und Gemeinde zu finden. Die Maßstäbe und Normen, nach denen unsere Gesellschaft lebt und reagiert, verändern sich drastisch. Und es gibt offensichtlich niemanden, der sich dagegen stemmt, der offen Stellung bezieht. Wer es doch tut, geht im allgemeinen Gelächter unter. Man hat Angst, oben genannte Verhaltensmuster falsch zu nennen. Die empfohlene Reaktion ist, sich zu ducken und zu arroganten Machtmenschen besser zu schweigen – man würde es sonst nur noch schlimmer machen. Wirklich? Dann schweigen wir mal schön weiter – zu Fernsehsendungen und Fehlverhalten, zu Schwulenhochzeiten, zu Ehebruch, Mord. Irgendwann trifft es auch unsere Gemeinde – und uns selbst. Werte, die seit etwa tausend Jahren für unsere Kultur von der Bibel abgeleitet wurden, lösen sich innerhalb weniger Jahre auf. Schlimm dabei ist, dass das von vielen nicht als Verlust erkannt wird.

Mein Nächster bin Ich

Die Folgen des derzeitigen Verfalls von ethischen und moralischen Werten wie auch Wahrheit und Respekt vor dem Eigentum anderer sind noch nicht abzusehen. Unsere Gesellschaft ist in den vergangenen zwanzig Jahren merkbar kälter, rücksichtsloser und egoistischer geworden. Die Gesetze wurden dementsprechend verfeinert, Polizei und Gerichte mussten deutlich verstärkt werden. Dagegen hat in gleichem Maße die Werbung mehr darauf umgestellt, die Emotionen anzusprechen: „Mit dieser Zahnpasta fühlen sie sich wohl..." Die Geschlechtlichkeit, die persönliche Lust und der eigene Gewinn sind in den Mittelpunkt der Entscheidungsprozesse geraten. Und das Gewissen? Hat es sich durch den Wertezerfall auch verändert?

Das schuld-orientierte Gewissen

Menschen aus mittel- und nordeuropäischer Kulturen, die über ein Jahrtausend unter dem Einfluss des Christentums standen, empfinden bei einer „Sünde" insgesamt eher Schuld als Scham. Der Gegensatz zu Schuld ist Gerechtigkeit, der Zustand des Rechts. Damit wird Schuld aufgehoben bzw. bekämpft. In unserer Sprache und in der Struktur unseres Staates ist das seit einigen Jahrhunderten verankert. Wir sprechen von uns als einem Rechtsstaat, wir haben Rechtsanwälte, bei uns herrscht „Fug und Recht". Das schuld-orientierte Gewissen braucht eine eindeutige Entlastung durch Recht und Gerechtigkeit; vorher kommt es nicht zur Ruhe.

Das scham-orientierte Gewissen

Bei den meisten Kulturen dieser Welt ist das Schamempfinden viel stärker als das Empfinden von Schuld. Das größte Vergehen ist, jemandem bewusst das „Gesicht zu nehmen", ihn zu blamieren oder zu beschämen. Manchmal wird ein solches Verhalten bestraft, und die eigentliche „Sünde" spielt schnell keine Rolle mehr. Die Menschen sind sehr darauf bedacht, ihr „Gesicht zu wahren". Um ihre Ehre bzw. ihr Prestige zu verteidigen oder zu wahren, bringen manche Menschen große Opfer. Das Ansehen vor den Menschen ist vielen sogar wichtiger als Wahrheit und Gerechtigkeit.

Mein Gewissen ist der Andere

Ein scham-orientiertes Gewissen bildet sich vorrangig in Großfamilien oder in einer sozial abhängigen Situation. Es kann sein, dass Vater und Mutter keine Einheit als Autorität für das Kind sind, sondern ihrerseits abhängig sind von anderen Autoritäten, z.B. von Geldgebern. Kinder, die von nur einem Elternteil erzogen werden, sind in einer ähnlichen Situation. Wenn im Extremfall eine solche Mutter-Kind-Familie z.B. auf die finanzielle Hilfe des Opas angewiesen ist oder darauf, dass die Oma das Kind hütet, während die Mutter bei der Arbeit ist, dann entwickelt das Kind eine Orientierung an einer Person außerhalb der engen Mutter-Kind-Beziehung. Ist noch der Vater im Spiel, der seine Hilfestellung davon abhängig macht, dass seine Vorstellungen durchgeführt werden, entsteht eine Beziehung zu zwei völlig verschiedenen Autoritäten. Das Kind lernt, sich der jeweiligen Autorität entsprechend zu verhalten, wenn diese Personen sichtbar sind oder in Kraft treten. Sein Verhaltensmuster orientiert sich also nach außen; die Autorität seines Gewissens liegt außerhalb seiner Person – irgendwo in der Gesellschaft, bei bestimmten Personen. Manchmal kann eine solche Person nicht einmal genau definieren, wer das ist. Die Gruppe oder die Gesellschaft als Ganzes bildet die Autorität für sein Gewissen.

Ich tue, was „in" ist

Heute handeln viele vor allem junge Menschen wie unter einem Zwang stehend. Sie tun das oder kleiden sich so, wie es gerade „in" ist. Die Gesellschaft schreibt es vor. Anders traut man sich nicht unter die Leute, man schämt sich. Man fühlt sich nur akzeptiert, wenn man die Verhaltensmuster übernommen hat. Das gilt andererseits auch für den Wertewandel. Wenn die Gesellschaft eine Ehescheidung toleriert, Ehebruch akzeptiert und Homosexualität propagiert, dann traut sich auch der Einzelne, sich entsprechend zu verhalten. Er braucht keine Beschämung zu fürchten. Im Gegenteil: Wer nicht so denkt, ist „out", ist nicht tolerant, nicht zeitgemäß.

Die Funktion des Gewissens

Gewissensbisse

Das Gewissen funktioniert aufgrund von vier Elementen: Schuld und Gerechtigkeit als Gegenpole auf der einen Seite; Scham und Ehre als Parallelen dazu auf der anderen. Schuld bzw. Schamempfinden reagieren auf eine Normübertretung mit einem „Gewissensbiss". Das Gewissen ist dann *belastet*, es hat Angst vor der Strafe vor den Folgen der „Sünde". Der Mensch hat dann ein „schlechtes Gewissen". Die Kraft des Gewissens drängt den Menschen zur Entlastung: Buße und Vergebung ist der biblische Weg zur Gerechtigkeit. Dadurch wird die Ehre vor Gott und vor Menschen wieder hergestellt. Der Staat hat ebensolche Mechanismen: Die Wiedergutmachung, die „Ent-Schuldigung" durch eine notfalls vom Richter vorgeschriebene Form. Wir versuchen auch eine Sache in Ordnung zu bringen, indem wir uns „ent-schuldigen" zu unserer Schuld stehen und die anderen bitten, von einer Strafe oder einem weiteren Nachtragen abzusehen. So empfinden noch viele Christen; sie haben ein schuld-orientiertes Gewissen. Vergebung wird dann zugesprochen, wenn die „Sünde" bereinigt ist. Wenn das Gewissen so wieder in Ruhe kommt, sprechen wir von einem „guten Gewissen".

Hornhaut auf dem Gewissen

Wenn jemand aggressiv und offensiv Verkehrsregeln missachtet, andere bewusst in Gefahr bringt und darüber offensichtlich keine Schuldgefühle zeigt, legt er weder Wert auf Gesetze noch auf die Sicherheit anderer. Entehrt er zusätzlich und vorsätzlich die von ihm Geschädigten durch Signale, die eindeutig als Beleidigung interpretiert werden, dann sprechen wir von einem „skrupellosen“ Menschen. Jemand, der ein Kind entführt, es vergewaltigt und umbringt, ist im höchsten Grad „gewissenlos“. Seinem Gewissen fehlen die wesentlichen Komponenten, die es als solches funktionieren lassen können: Scham – und/oder Schuldempfinden, Akzeptanz von Gesetzen oder Maßstäben und deren Verhaltensmuster. Die Kraft des Gewissens ist nicht wirksam; sie kann bewusst geschwächt und unterdrückt werden. In der Bibel wird das mit Hornhaut auf dem Gewissen bezeichnet – es ist unempfindlich (vgl. 1Tim 4,2; Tit 1,15).

Diagnose: unheilbar gesund

Unserer Gesellschaft ist die Schuld abhanden gekommen. Man fühlt sich nicht schuldig, auch bei klarer Beweisführung. Die Umstände haben dazu geführt. Damit ist unsere Gesellschaft in Selbstdiagnose unheilbar gesund. Wer keine Schuld fühlt, braucht weder Buße noch Vergebung. Dem Gewissen fehlen wichtige Komponenten, um funktionieren zu können: die Schuld, wahrscheinlich sogar auch noch das Schamempfinden. Gewissenlose Menschen sind gesellschaftszerstörend. Wertevernichtende Menschen ebenso, nur geschieht diese Zerstörung langsamer und unterschwelliger.

Gewissen ohne Grenzen?

Was ist schon „falsch"?!

Für den scham-orientierten Menschen ist es wichtig, dass er im Einklang zur Gesellschaft steht, die gewissermaßen die Autorität über das Gewissen übernommen hat. Wenn man sich wieder angenommen oder akzeptiert fühlt, scheint alles in Ordnung zu sein. Ob die „Sünde“, die hinter dem Verhalten liegt, als solche erkannt und bereinigt wurde, ist dabei nicht entscheidend. Oft setzen sich sogar Leute für einen „Sünder" ein, dass er nicht bestraft wird: Sie haben Mitleid mit ihm in seiner Bloßstellung oder erkennen sie sich in ihm wieder. Die Tat wird verharmlost. Das ist z.B. heute bei außerehelichen geschlechtlichen Beziehungen der Fall. Ein Christ, der das als falsch bezeichnet, wird als nicht gesellschaftsfähig verurteilt, d.h. er ist der eigentliche „Sünder", der die Gesetze der Gesellschaft nicht beachtet. Das sind deutliche Hinweise dafür, dass sich unsere Gesellschaft verändert hat - weg von biblischen Normen.

Christen sind Spielverderber

Biblische Werte wie Wahrheit, Gerechtigkeit, Keuschheit, Treue, Verantwortungsbewusstsein, Respekt vor anderen und ihrem Eigentum werden immer mehr vom Blickwinkel der Gesellschaft gesehen: Tut das jemandem weh, wenn ich das „stehle"? Wobei Stehlen schon als unakzeptabler harter Ausdruck dafür gilt, dass ein Kind im Supermarkt ein kleines Spielzeug in der Tasche verschwinden lässt – oder ein Erwachsener eine Schachtel Zigaretten. Warum soll ich mir das antun, dass der Chef zornig wird, wenn ich sage, wie es war? Lügen helfen zur „Harmonie". Warum soll „es" falsch sein, wenn´s doch alle tun? Ich muss selbst schauen, wo ich bleibe, also stecke ich mir auf der Arbeit etwas ein. Falls eine Sache auffliegt, halten alle zusammen. Zu dumm nur, dass er sich hat erwischen lassen. Das nächste Mal soll er besser aufpassen. Wer eine Tat aufdeckt, ist ein Spielverderber. Selbst unser Altbundeskanzler fand die Beträge nicht erwähnenswert, die er auf schwarzen Konten verwahrte.

Das kann man so nicht sagen!

Wir sind zu einer scham-orientierten Gesellschaft geworden, die darauf achtet, dass Sünde nicht gebranntmarkt wird, sondern verniedlicht, abgeschwächt, damit der „Sünder" nicht bloßgestellt wird durch öffentliche Blamage. „Sünde" ist, sich gegen die Gesellschaft zu stellen, jemanden zu blamieren. Klare Aussagen des Wortes Gottes werden entweder nicht mehr erwähnt, gemieden oder uminterpretiert. Das kann man doch heute so nicht mehr sagen! Die Autorität über die Gültigkeit und Richtigkeit eines Verhaltens liegt in der Gesellschaft, nicht mehr bei dem, der hinter der Bibel steht.

Gott ist tot.

Vor allem wird deutlich, dass in unserer Gesellschaft und Kultur, leider auch in vielen Kirchen und Gemeinden die letzte Autorität für die Maßstäbe, die Lebensregeln und auch staatliche Gesetze nicht mehr der lebendige Gott ist. Mit dem Gott der Bibel geht das Volk recht arglos um. Seit sein Wort, die Bibel, „entmythologisiert" wurde, kann sich jeder selbst ein Bild von ihm machen, nach dem Muster seiner Spiritualität. Dementsprechend ist auch alles aufgeweicht, was auf seine Autorität zurückgeht. Unserer Gesellschaft fehlt die tragende Unterstützung der Religion für die Gültigkeit der Gesetze in unserer Kultur. Der Staat wird umgangen, wo immer das möglich ist. Einzelne ziehen ihren Nutzen aus den Strukturen, die für das Gemeinwohl entstanden sind; manche Politiker sind den Bürgern darin ein Vorbild. Unserer Gesellschaft ist die Autorität abhanden gekommen. Sie ist sich selbst Autorität geworden.

Erneuerung des Gewissens

Festigung des Gewissens

Christen müssen sich heute wieder neu bewusst werden, dass der dreieinige Gott die einzig gültige normgebende Autorität ist. Die Vorstellung, die Christen von ihrem Gott haben, darf nur von seinem eigenen Wort – von der Bibel – geprägt sein. Wir müssen Gott mehr gehorchen als den Menschen (Apostelgeschichte 5, 29). Gott ist unser himmlischer Vater, der heilige Gott, der unantastbare Richter, vor dem keine Sünde und kein Sünder bestehen kann. Sünde ist, seine Ehre zu beeinträchtigen in jeder Form, ihn in Frage zu stellen und ihm den Gehorsam und den Glauben zu verweigern. Nur in diesem Bewusstsein wird unser Gewissen gefestigt.

Gottes Wort pur

Das Wort Gottes im Alten und Neuen Testament muss für Christen vollgültig sein, unantastbar für Kritik der menschlichen Vernunft. Wohl aber dürfen wir unseren Verstand gebrauchen, die Bibel in ihren Zusammenhängen und in ihrem Ursprung zu verstehen, so weit das möglich ist. Was dabei unverständlich und für manche unglaubwürdig bleibt, lassen wir auf sich beruhen und wagen kein abschließendes Urteil, bevor uns Jesus das nicht selbst erklären kann. Diese offenen Fragen sind nicht heilswichtiger Natur. Sie dürfen nicht den Maßstab für unseren Glauben, für die Zusammenarbeit in den Gemeinden und unseren Auftrag für die Mission bilden. Wir forschen aber fleißig (Apostelgeschichte 17,11), um denen zu widerstehen, die die Bibel zerpflücken und ihr die Autorität absprechen wollen.

Mit Gottes Augen

Wir versuchen uns selbst und alle Menschen aus der Sicht Gottes zu sehen – als Sünder, die Versöhnung mit Gott nötig haben. Es besteht keine Möglichkeit, auch nicht ansatzweise, dass der Mensch aus eigener Kraft mit seinem Verstand Verbindung mit Gott aufnehmen kann. Der einzige Weg, den Gott eröffnet hat, die Menschen mit sich selbst zu versöhnen, führt über seinen Sohn Jesus Christus. Der Heilige Geist leitet Willen und Verstand in den Gedanken Gottes. Er motiviert uns zum Gehorsam und gibt uns die Kraft zum Glauben und zu einer Lebensführung, die andere auf Gott aufmerksam macht.

Schärfung des Gewissens

Der Heilige Geist weckt die Empfindungen für Schuld und Gerechtigkeit, für Scham und Ehre durch Gehorsam gegenüber der Bibel. Alle Empfindungen des Gewissens sollen in ihrer Wirksamkeit am Wort Gottes ausgebildet und eingestellt werden. Das Schamgefühl hat Präventivwirkung: Es hindert den Vollzug der Sünde. Das Schuldempfinden zeigt den Unterschied zwischen dem Wort Gottes und der gesellschaftlichen Wirklichkeit auf. Das Rechtsempfinden orientiert sich am Willen Gottes in der Bibel. Das Ehrgefühl lässt sich durch den Heiligen Geist auf die Ehre Gottes ausrichten (vgl. 1. Timotheus 1,5; 19,3ff)

Keine Zwangsjacke

Unser Gewissen bleibt Teil unseres durch die Sünde infiziertes Wesens, unserer Kultur, unseres Denkens und unserer Vernunft. Es ist deshalb nicht absolut in seinen Entscheidungen und Reaktionen. Wir stellen unsere Gewissensentscheidung nicht über die anderer Christen und nie über das Wort Gottes. Wohl aber vergleichen wir die Reaktionen unseres und der Gewissen anderer am Wort Gottes. Dabei fühlen wir uns nicht versklavt, unter Druck oder wie einer Zwangsjacke. Der Geist Gottes gibt Freiheit, auch für die Gestaltung unseres Gewissens, nach unserer Erkenntnis und unseren Empfindungen. Ein christliches Gewissen ist ein von der zerstörenden Einflussnahme der Sünde befreites Gewissen (Kolosser 2,16).

Übungsfeld Gemeinde

Die christliche Gemeinde ist das Übungsfeld des Gewissens. Von dort aus geht der Christ in die Auseinandersetzungen mit seiner Kultur und Gesellschaft und stellt sich den Herausforderungen. Die Gemeindedisziplin ist vorwiegend eine Präventiv-Maßnahme, wobei das Gewissen geschärft wird, sich auf die Herausforderungen der Gesellschaft einzustellen und wobei es Korrektur und Heilung erhält, wenn es unter dem Druck von Anfechtungen und Versuchungen versagt hat (2. Korinther 4,2; 5,11). Weil unser Gewissen vom Wort Gottes und vom Heiligen Geist bestimmt ist, tragen wir die Normen für die Verhaltensmuster und die Autorität Gottes in uns. Damit funktioniert unser Gewissen überall und immer unabhängig von Gesellschaftsformen und Situationen. Die Mechanismen des Gewissens funktionieren so, dass ein harmonisches Zusammenleben der Menschen möglich ist – das bewirkt eine effektive soziale Selbstkontrolle.

Kritik mit Ziel

Das vorbildliche Verhalten der Christen und das Bild der Gemeinde in der Welt fällt auf, wo Richtlinien des Wortes Gottes in Gegensatz zu den Maßstäben der Kultur und Gesellschaft treten (2. Korinther 1,12; 4,2; 5,11). Als Christen bieten wir den Menschen unserer Zeit Wegweisung und Zurechtweisung. Wir äußern uns zu gesellschaftlichen Tendenzen, weisen auf biblische Alternativen und Richtlinien hin und sind ein Vorbild in der Umsetzung. Falsche Entwicklungen und Fehlverhalten von Menschen und in der Gesellschaft nennen wir beim Namen und fordern Änderungen ein, wann und wo immer das möglich ist. Alles soll im Sinne und in der Liebe geschehen, die Jesus den Menschen zeigte. Die Menschen sollen dadurch nicht verprellt, sondern interessiert werden und Jesus kennen lernen wollen. Nach Möglichkeit, innerhalb unseres Einflussbereichs und unserer Verantwortung, leisten wir Widerstand gegen sündhaften Trend, auch auf Kosten unserer Ehre und unseres Ansehens. Dabei sollen jedoch die Beziehungen zu den Menschen möglichst nicht ge- oder zerstört werden. In allen Gewissensentscheidungen halten wir die Kommunikation zu anderen Menschen offen, erklären und bezeugen den Grund unserer Verhaltensmuster.

Prof. Dr. Klaus W. Müller ist Dozent an der Freien Theologischen Akademie in Gießen. Abdruck mit freundlicher Genehmigung des Magazins „dennoch"

Lebensraum Gnade

In den Lebensberichten zum Thema „Die Zehn Gebote Gottes praktisch“ klang es schon an. Gottes Gebote sind nicht nur gut, sie tun auch gut. Und wer gegen sie verstößt, schadet sich am Ende nur selbst.

Es schien aber an einigen Stellen durch: Keiner wird den Ordnungen Gottes letztlich gerecht. Auch Christen – die hohe Werte haben – sündigen und versagen. Christen sind nicht unbedingt die besseren Menschen. Denn wir alle haben ein Problem: Wir wissen manchmal das Richtige, tun es aber nicht.

Hier wird ein altes und existentielles Problem des Menschen sichtbar. Paulus hat dieses Dilemma einmal so formuliert: *„Ich weiß ja, dass in mir, das heißt in meiner eigenen Natur, nichts Gutes wohnt. Obwohl es mir nicht am Wollen fehlt, bringe ich es nicht zustande, das Richtige zu tun. Ich tue nicht das Gute, das ich tun will, sondern das Böse, das ich nicht tun will“* (Römer 7,18-19).

Die Gebote und Werte Gottes sind gut, aber sind wir überhaupt in der Lage, danach zu leben? Woher nimmt ein Mensch die Kraft gut zu sein?

Wichtig ist: Die Gebote waren nie ein Weg zu Gott. Sie sind eine Hilfe zum Leben, sie grenzen das Böse ein, aber zu Gott bringen sie uns nicht. Sie zeigen uns vielmehr, was in uns steckt. An den Geboten wird sichtbar, dass wir Sünder sind. Sie zwingen uns, nach einem anderen Weg zu suchen, wie wir vor Gott gerecht werden können. Denn kein Mensch kann so gut leben, dass er Gottes Ansprüchen gerecht wird. Die Gebote zeigen uns, wie sehr wir auf Gottes Gnade und Vergebung angewiesen sind.

Kein Mensch kann zu Gott kommen, weil *er* Gutes tut. Wir können nur deshalb zu Gott kommen, weil er einen Weg geschaffen hat. Er sandte seinen Sohn Jesus Christus in diese Welt. Er war der einzige Mensch, der je vollkommen gerecht war. Er hat alle Gebote gehalten. Und so starb Jesus Christus an einem Kreuz für unsere Schuld. Nach drei Tagen wurde er aus den Toten wieder auferweckt. Damit ist der Weg zu Gott frei. Jeder, der an Jesus Christus, den Sohn Gottes, glaubt, findet Zugang zu Gott. Glauben an Jesus Christus ist das NEIN zu dem alten Leben ohne ihn und das bewusste JA zu einem neuen Leben mit ihm. Wir müssen uns seine Liebe nicht verdienen, sondern wir dürfen sie dankbar annehmen. Und das Schöne ist, dass wir nicht erst anders werden müssen, sondern wir können so kommen, wie wir sind.

Allerdings lässt er uns nicht so, wie wir sind. Wenn wir zu Gott kommen und ihm im Gebet unsere Schuld bekennen, und ihn als Gott über unser Leben anerkennen, dann vergibt er und schenkt uns seinen Heiligen Geist. Und der Heilige Geist kann die Veränderung in uns bewirken, zu der wir nicht fähig sind. In Galater 5,22-23 heißt es: *„Der Geist Gottes lässt als Frucht eine Fülle von Gutem wachsen, nämlich: Liebe, Freude und Frieden, Geduld, Freundlichkeit und Güte, Treue, Bescheidenheit und Selbstbeherrschung.“* Gott kann uns durch seinen Heiligen Geist zu solchen Menschen machen. Wir werden nicht perfekt. Aber wenn wir Gott an uns arbeiten lassen, wird er uns immer mehr so verändern, wie er uns ursprünglich geplant hat.

Das ist das Befreiende am Evangelium: Gott erlöst uns ohne unser Zutun. Er schenkt uns einen Lebensraum der Gnade. Er liebt uns auch dann, wenn wir Fehler machen. Wir müssen nicht ständig unter der Angst leben, dass wir etwas falsch machen, und dass wir die Beziehung zu ihm verlieren. Die Gnade ist unser Lebensraum. Das ist echte Befreiung. Diese befreiende Atmosphäre erleben wir, wenn wir ehrlich gegenüber Gott leben. Die Liebe Gottes verlangt eine Antwort von uns.

Jesus sagt in Johannes 14,15: *Wenn ihr mich liebt, werdet ihr meine Gebote halten.* Und Vers 21: *Wer meine Gebote hält, der ist es der mich liebt.* Liebe zu Gott wird immer konkret im Halten der Gebote. Und so hat uns Jesus befreit, das Gute zu wollen und auch zu tun.

Jesus, zu dir kann ich so kommen, wie ich bin

Jesus, zu dir kann ich so kommen, wie ich bin.
Du hast gesagt, dass jeder kommen darf.
Ich muss dir nicht erst beweisen, dass ich besser werden kann.
Was mich besser macht vor dir,
das hast du längst am Kreuz getan.
Und weil du mein Zögerns siehst, streckst du mir deine Hände hin, und ich kann so zu dir kommen, wie ich bin.

Jesus, bei dir darf ich mich geben, wie ich bin.
Ich muss nicht mehr als ehrlich sein vor dir.
Ich muss nichts vor dir verbergen, der mich schon so lange kennt. Du siehst, was mich zu dir zieht, und auch, was mich von dir noch trennt. Und so leg ich Licht und Schatten meines Lebens vor dich hin, denn bei dir darf ich mich geben, wie ich bin.

Jesus, bei dir muss ich nicht bleiben, wie ich bin.
Nimm fort, was mich und andere zerstört.
Einen Menschen willst du aus mir machen, wie er dir gefällt,
der ein Brief von deiner Hand ist, voller Liebe für die Welt.
Du hast schon seit langer Zeit mit mir das Beste nur im Sinn.
Darum muss ich nicht so bleiben wie ich bin.

Manfred Siebald

Werte bilden - die Bibel lesen!

Neues Testament mit Psalmen und Sprüchen

Hänssler
Best.-Nr. 393.810
€ 4,95

Neues Leben: Der Name dieser neuen Bibelübersetzung ist Programm - die lebendige, moderne Sprache, verbunden mit der Nähe zum biblischen Urtext, öffnet den Menschen von heute eine Tür in ein Buch, das viele seit Jahrhunderten begleitet und prägt.
Lebensnah, leicht verständlich und gleichzeitig sachlich und inhaltlich zuverlässig erschließt sich die biblische Botschaft dem modernen Leser und führt die Suchenden in ein neues Leben in der Gemeinschaft mit Gott.
Jesus antwortete: »Wenn du wüsstest, welche Gabe Gott für dich bereithält und wer der ist, der zu dir sagt: gib mir zu trinken, dann wärst du diejenige, die ihn bittet, und er würde dir lebendiges Wasser geben.« (Johannes 4,10)

Werte bilden - die Bibel lesen!

Die Bibel

in der
Revidierten
Elberfelder
Übersetzung

Sonderausgabe
Brockhaus
Best.-Nr. 225.470
€ 12,90

In über hundert Jahren hat sich die Elberfelder Übersetzung durch ihre Worttreue und Textgenauigkeit viele Freunde erworben. Der oft gerühmte Vorzug der Elberfelder Übersetzung, die genaueste und zuverlässigste Bibelübersetzung zu sein, ist auch in den 1974 und 1985 überarbeiteten Fassungen erhalten geblieben. Außerdem ist es unter Zuhilfenahme der griechischen und hebräischen Urtexte gelungen, die oft veraltete Sprache in das heutige Deutsch zu übertragen. Diese preisgünstige und ansprechend gestaltete Ausgabe eignet sich ideal als Geschenk und ist besonders empfehlenswert für Bibel-Neueinsteiger!

Weitere Titel aus der Reihe »Dokumentationen«

Hartmut Jaeger /
Joachim Pletsch (Hrsg.)

Aus der Traum?

Die Folgen des 11. Septembers
CV / idea, Taschenbuch, 96 Seiten
Best.-Nr. 273.330, € 2,50

Der Traum vom gesicherten Leben jenseits von Krieg und Gewalt, ist er ausgeträumt? Hat die Realität uns endlich eingeholt, die Realität des Bösen, des Terrors in unserer Welt, der jeden treffen kann? Wer kann uns Halt geben? Hilft der Glaube an Gott? Welche Rolle spielt die Religion des Islam? Was soll jetzt geschehen? Diese und andere Fragen haben christliche Journalisten und Autoren versucht in diesem Buch zu beantworten.

Hartmut Jaeger /
Joachim Pletsch (Hrsg.)

In den Händen der Taliban

»Shelter-Now«-Helfer erleben
das Wunder ihrer Befreiung
aus afghanischen Gefängnissen
CV / idea, Taschenbuch, 96 Seiten
Best.-Nr. 273.331, € 3,50

Diese Dokumentation des etwas drei Monate währenden Dramas um die in Afghanistan verhafteten »Shelter-Now«-Mitarbeiter will Christen mit der Möglichkeit von Verfolgung und Märtyrertum konfrontieren, und den Blick öffnen für eine weltweit verfolgte Gemeinde, die der intensiven Fürbitte bedarf.

Hartmut Jaeger /
Joachim Pletsch (Hrsg.)

Der Böse ist unter uns

Satanismus/Okkultismus -
die verschwiegene Realität
und der Triumph des Gekreuzigten
CV / idea, Taschenbuch, 96 Seiten
Best.-Nr. 273338, € 3,50

Wurde der Teufel oder Satan, wie ihn die Bibel auch nennt, nicht seit Jahrzehnten schon ins Land der Fabeln und Mythen versetzt? Nun hört und liest man von Ritualmorden, Grabschändungen und Angriffen auf Christen. Ist Satan also doch Realität? Im Bochumer Landgericht wurden zwei Satanisten zu 15 und 13 Jahren Haft verurteilt, weil sie, angeblich »auf Befehl Satans«, einen Arbeitskollegen ermordet haben. Diese Dokumentation zeigt Hintergründe auf zu dem unter jungen Menschen stärker werdenden Satanismus und Okkultismus.

Ralf Kaemper (Hrsg.)

Erfurt ist überall

CV / idea, Taschenbuch, 96 Seiten
Best.-Nr. 273.346, € 2,50

Deutschland war für Wochen schockiert. Ein bisher eher unauffälliger 19-Jähriger ermordet - kaltblütig geplant und präzise ausgeführt - 16 Menschen und dann sich selbst. Keiner hat es geahnt. Was war Robert S. für ein Mensch? Das, was in der thüringischen Landeshauptstadt geschah, hätte auch an jedem anderen Ort geschehen können. Der Täter hätte auch in unserer Nachbarschaft wohnen können. Diese Dokumentation will helfen zu verstehen, was geschehen ist und Antwort geben auf die Frage nach Identität und Lebenssinn.

Christliche Verlagsgesellschaft Dillenburg
Postfach 1251 • 35662 Dillenburg
Tel: 02771/8302-0 • Fax: 02772/8302-10
E-Mail: *info@cv-dillenburg.de*
Internet: *www.cv-dillenbug.de*